水运工程施工标准化建设指南系列

Shuiyun Gongcheng Shigong Biaozhunhua Jianshe Zhinan
水运工程施工标准化建设指南

Shigong Gongyipian Chuanzha Gongcheng
施工工艺篇（船闸工程）

水运工程施工标准化示范创建工作指导组

人民交通出版社股份有限公司
China Communications Press Co., Ltd.

内 容 提 要

本书为《水运工程施工标准化建设指南》施工工艺篇船闸工程分册,是在总结全国水运工程施工标准化示范创建活动成果的基础上,吸纳全国各地船闸工程施工标准化的实践经验和工艺创新成果编制而成。本书根据船闸工程施工特点,重点介绍围堰工程、基坑开挖、地基处理、船闸主体结构、导航墙和靠船墩、墙后工程、金属结构安装、机电设备安装等施工工艺标准化管理措施和要求,采用大量工程实例图片进行示意,从工艺简述、工艺准备要点、工艺实施流程、工艺控制重点等四个方面,提出成熟且具有推广价值的工艺的推荐性要求,内容符合现行水运工程标准规范,对引导实施施工标准化管理的思路和方向、规范船闸工程施工具有很好的指导作用。

本书适用于新建、改(扩)建Ⅳ级以上的船闸工程施工管理,也可供其他等级的船闸工程施工管理与技术人员参考使用。

图书在版编目(CIP)数据

水运工程施工标准化建设指南. 施工工艺篇. 船闸工程 / 水运工程施工标准化示范创建工作指导组组织编写. — 北京:人民交通出版社股份有限公司,2018.11
ISBN 978-7-114-15067-8

Ⅰ. ①水… Ⅱ. ①水… Ⅲ. ①航道工程—工程施工—标准化管理—指南②船闸—工程施工—标准化管理—指南 Ⅳ. ①U615-62②U641.5-62

中国版本图书馆 CIP 数据核字(2018)第 226880 号

水运工程施工标准化建设指南系列
书　　名:水运工程施工标准化建设指南　施工工艺篇(船闸工程)
著　作　者:水运工程施工标准化示范创建工作指导组
责任编辑:吴有铭　刘永超　黎小东
责任校对:刘　芹
责任印制:张　凯
出版发行:人民交通出版社股份有限公司
地　　址:(100011)北京市朝阳区安定门外外馆斜街 3 号
网　　址:http://www.ccpress.com.cn
销售电话:(010)59757973
总 经 销:人民交通出版社股份有限公司发行部
经　　销:各地新华书店
印　　刷:北京市密东印刷有限公司
开　　本:880×1230　1/16
印　　张:5.75
字　　数:120 千
版　　次:2018 年 11 月　第 1 版
印　　次:2018 年 11 月　第 1 次印刷
书　　号:ISBN 978-7-114-15067-8
定　　价:50.00 元

(有印刷、装订质量问题的图书,由本公司负责调换)

《水运工程施工标准化建设指南系列》编审委员会

审定委员会

主　　任：黄　勇

副 主 任：姜竹生　陈　萍

委　　员：吴利科　吕卫清　顾　明　吴今权　王跃全
　　　　　蔡　杰　阮成堂　邵　宏　马玉臣　张永明
　　　　　鲍　翔　徐远明　尹　平　喻永华　卢　柯
　　　　　高艳龙　汤伟清　唐云清

编写组织委员会

主　　任：陈　萍

副 主 任：汤伟清

委　　员：曹　坤　黄宏宝　宣剑裕　郑　直　程李凯
　　　　　王　瑜　高艳辉　李　恒　于文金　刘佳东
　　　　　张佳运　熊　伟　张光达　王　毅　王泽林
　　　　　徐志峰　黄建红　吉同元　徐兴路　李同飞
　　　　　邓　桃　陈阵阵　赵殿鹏　狄小乐　丁　涛

序

标准化是现代名词,但它的产生却由来已久。常言道:不以规矩,不成方圆。秦一统天下后颁布"车同轨,书同文,行同伦"的国策,并统一度量衡,成为中华民族灿烂文化和国家经济法律的标准基石。明嘉靖年间的《龙江船厂志》说:"夫板之厚薄,每船具有定式……一尺三钉,原有成规。"强调"定式、成规"的规矩意识。现代标准化是近二三百年发展起来的。蒸汽机的出现和工业革命的开始,将标准化推向前端,成为现代工业文明的基础,现如今标准化已成为走向世界的通行证。

标准化是社会化专业化生产组织的技术纽带,是科学规范管理的内在要求,与工程建设的关系极为密切,推行标准化是国家的一项重要技术经济政策。习近平总书记强调,标准决定质量,有什么样的标准就有什么样的质量,只有高标准才有高质量。《中华人民共和国标准化法》规定:"标准化工作的任务是制定标准、组织实施标准以及对标准的制定、实施进行监督。"工程建设技术标准体系已建立健全,但各地区、各项目在"组织实施标准"方面不同程度存在不平衡、不规范的问题。特别是在施工中标准化的操作上存在较大差异,开展有组织、有规则、有措施地贯彻执行标准的活动,编制水运工程施工标准化指南,就是破解上述问题的重要措施。

在现代工程管理理念引领下,2011 年高速公路施工标准化活动率先开展,形成了一大批成果,促进了工程建设管理水平和施工规范程度的双提升,并带动了质量水平的全面提升。2015 年底,全国水运工程施工标准化活动正式拉开帷幕,以质量问题为导向,以提升质量水平为目标,坚持抓基础、抓示范、抓耐久性的原则,以 13 个地区、25 个示范试点项目施工标准化和技术攻关创新的经验为基础,经过三年积极实践探索和系统总结,编制形成了《水运工程施工标准化建设指南》以及《水运工程建设项目质量管理体系》《水运工程建设项目质量安全责任基本清单》等成果。《水运工程施工标准化建设指南》中,场地布设科学是基础、工艺控制精准是关键、管理行为规范是保障,三者皆中规矩绳墨,方可拧成一股绳。《水运工程建设项目质量管理体系》《水运工程建设项目质量安全责任基本清单》,是《水运工程施工标准化建设指南》实施的保障,也是"施工安全文明、工艺可靠先进、管理有序受控"的内在要求。

取法乎上,仅得乎中。质量是百年大计,必须坚持高标准严要求,规范过程确保结果,将水下、隐蔽环节施工的精准控制、精细管理作为水运施工标准化实施的重中之重,将看不见、讲不清、验不了的部位、环节,通过标准化的方法和步骤,力争打造一批社会满意、经得起考验的"百年工程",促进水运工程建设高质量可持续发展,为交通强国建设添砖加瓦。

心存敬畏,方得始终,手有规矩,才成方圆。让习惯符合标准,让标准成为习惯,标准化有你有我,我们永远在标准化的路上。

交通运输部安全与质量监督管理司
2018 年 11 月 13 日

编制说明

《中共中央 国务院关于开展质量提升行动的指导意见》中将"加快推进工程质量管理标准化,提高工程项目管理水平"列为重要任务。《交通运输部关于打造公路水运品质工程的指导意见》(交安监发〔2016〕216号)也将推进工程施工标准化作为打造品质工程、提升工程管理水平的重要举措。为进一步提升水运工程建设质量安全管理水平,促进水运工程质量管理方式转变,提升水运工程质量安全总体水平,实现行业健康有序发展,2015年8月,交通运输部印发《交通运输部办公厅关于开展水运工程施工标准化示范创建活动的通知》(交办安监〔2015〕125号),在行业内开展为期三年的覆盖13个示范创建地区、25个项目的水运工程施工标准化示范创建活动,并明确在全面总结提炼各地区工作基础上,编制形成《水运工程施工标准化建设指南》(以下简称《指南》),在行业中推广应用。

《指南》定位为管理手册,区别于施工作业指导书、施工组织设计与行业标准规范,旨在对项目管理层策划和施工标准化实施起到指导作用,以水运工程质量安全问题为导向,从全行业通用、便于推广应用的角度,在成熟的、完整的工艺基础上,进一步总结经验,倡导工业化建造、装配化施工、精细化管理,引导和推动企业积极研发和应用性能可靠、先进适用的新技术、新工艺、新设备和新材料,推动实现"施工安全文明,工艺可靠先进,管理有序受控",不断提升水运工程外观质量和耐久性。

《指南》作为水运工程施工标准化示范创建活动重要成果之一,由交通运输部安全与质量监督管理司组织,活动协调办公室牵头,工作指导组成员单位具体负责,参加单位分工协作开展编写,随活动开展同步进行。《指南》由现场布设篇、管理行为篇、施工工艺篇3部分组成,其中施工工艺篇分为码头工程、船闸工程、内河航道整治工程、航电枢纽工程4个分册。现场布设篇坚持"绿色、安全和环保"理念,结合水运工程建设特点,按照两区三厂集约化管理原则,提出因地制宜、有利于风险防控和文明施工的思路对工程现场进行合理布局。管理行为篇以构建基于信息化的质量安全管理体系为核心,主要立足项目管理,着眼施工现场,以水运工程质量安全责任基本清单为基础,梳理工程实施的主要管理工作事项,明确项目各环节管理要素之间的逻辑关系,突出专项方案落实、首件工程认可、平安工地建设等重点内容。施工工艺篇以提升实体质量和精细化水平为落脚点,围绕"工艺简述、施工准备要点、工艺实施流程、工艺控制重点"四个方面展开,主要阐述重要安全技术条件、施工中易忽视环节、质量控制关键措施、通病防治措施等要素。

《指南》编制过程中,江苏省交通运输厅工程质量监督局、福建省交通建设质量安全监督局、浙江省交通建设工程监督管理局、河北省水运工程质量安全监督局、江西省交通建设工程质量监督管理局、上海市交通建设工程质量监督站、广东省交通运输厅、长江航务管理局、南京水利科学研究院作为各分册主编单位,付出了极大的心血。26家单位69名基层一线从业人员参与了编制工作,同时25个试点项目各参建单位给予了大力支持。15家从业单位的专家参与了对《指南》的审定,吴利科、吕卫清、顾明、吴今权等全国水运工程建造、勘察设计大师对《指南》提出了许多宝贵意见,特别是吴利科同志作为总校单位负责人对全书进行了指导和审核把关,在此一并表示感谢。

水运工程施工标准化示范创建工作指导组
2018年11月13日

前　言

本书为《水运工程施工标准化建设指南　施工工艺篇（船闸工程）》分册。全书共分为9章，以提升工艺精细化和实体质量水平为落脚点，以船闸工程施工突出问题为切入点，重点解决船闸工程质量通病，梳理相对成熟的实践经验和先进技术，涵盖了基本规定、围堰工程、基坑开挖、地基处理、船闸主体结构、导航墙和靠船墩、墙后工程、金属结构安装、机电设备安装等内容。每章节主体内容按照"工艺简述、工艺准备要点、工艺实施流程、工艺控制重点"四个方面展开。本书提出的措施和做法，在示范创建项目上得到了应用，为船闸工程实施提供了质量、安全管理的技术保障。

在本书编制过程中，江苏省交通运输厅工程质量监督局、南京水利科学研究院作为主编单位，付出了极大的心血；四川省交通运输厅工程质量监督局、江苏科兴项目管理有限公司、江苏交通工程集团有限公司、中交四航局第三工程有限公司、中国水利水电第五工程局有限公司参加了编制工作；同时还得到了江苏九圩港船闸工程、四川岷江港航电犍为航电枢纽工程、江西赣江新干航电枢纽工程项目参建单位的大力支持和帮助，在此一并表示感谢。

因初次编制，请各单位在执行过程中，将发现的问题和意见及时函告江苏省交通运输厅（地址：南京市秦淮区升州路16号，邮编：210001），以便修订时参考。

本书各章节主要编写人员分工如下：

1. 基本规定：汤伟清、郑直
2. 围堰工程：张杰、高建楠、高艳龙
3. 基坑开挖：何建新、徐志峰、谢世根
4. 地基处理：汤伟清、李善超、黄建红
5. 船闸主体结构：汤伟清、高建楠、何建新、李善超
6. 导航墙和靠船墩：黄建红、郑直
7. 墙后工程：徐志峰、高建楠、张齐兴
8. 金属结构安装：张际华、张齐兴
9. 机电设备安装：李永山、郑直

统稿与总纂：黄建红、高建楠、郑直

总校：吴利科、汤伟清

目 录

1 基本规定 ··· 1
2 围堰工程 ··· 2
   2.1 围堰填筑施工 ·· 2
   2.2 围堰防渗施工 ·· 4
   2.3 围堰拆除 ·· 7
3 基坑开挖 ··· 9
   3.1 土石方开挖 ·· 9
   3.2 边坡防护 ·· 13
4 地基处理 ·· 17
   4.1 水泥搅拌桩 ··· 17
   4.2 管桩沉桩 ·· 20
5 船闸主体结构 ·· 25
   5.1 底板 ·· 25
   5.2 闸首边墩 ·· 33
   5.3 闸室墙 ··· 38
   5.4 输水廊道 ·· 46
6 导航墙和靠船墩 ·· 52
7 墙后工程 ··· 55
8 金属结构安装 ·· 58
   8.1 工作闸门安装 ·· 58
   8.2 工作阀门安装 ·· 63
9 机电设备安装 ·· 67
   9.1 启闭机设备安装 ··· 67
   9.2 电气设备安装 ·· 71
附录 A 船闸工程简要说明 ·· 77
附录 B 船闸工程简要施工流程 ··· 78
参考文献 ·· 79

1 基 本 规 定

1.0.1 为推进船闸工程施工规范化、精细化、标准化管理,提高工程质量管理水平,减少质量通病,促进安全、文明施工,鼓励新技术、新材料、新设备和新工艺的推广和应用,倡导绿色施工和装配化施工,指导船闸工程施工标准化建设,制定本指南。

1.0.2 本指南在符合国家现行有关标准规范的前提下,主要总结成熟且具有推广价值的工艺工法,作为持续改进施工质量、促进施工作业安全、提高施工管理效率、改善施工文明和生态环境的船闸工程指导性管理手册。

1.0.3 本指南适用于新建、改(扩)建Ⅳ级以上的船闸工程。其他等级船闸工程可参照执行。

1.0.4 本指南与《水运工程施工标准化建设指南》管理行为篇、现场布设篇配套使用。

1.0.5 船闸工程施工工艺的选择应遵循工艺适用、风险可控、施工高效、保护生态环境和推广新工艺的原则。

(1)施工应依据工程规模、施工条件、工程目标,对比工艺的优缺点,选择适用的、成熟的先进工艺。

(2)施工应分析比选工艺安全风险因素,选择工艺技术可靠、风险较低的施工工艺。

(3)施工应推行施工装备专业化、智能化,倡导模块化、装配化施工,应以施工工艺的技术先进性与施工效率相统一为原则。

(4)施工应以不损害和少影响环境为优先原则,考虑防尘、弃方合理利用,积极应用生态防护技术,鼓励采用节能设备,以达到保护生态环境的要求。

(5)施工应鼓励开展科技攻关和技改创新,采用新技术、新材料、新设备和新工艺,提升工艺、装备的可靠性和先进性。

2 围堰工程

2.1 围堰填筑施工

2.1.1 工艺简述

2.1.1.1 围堰结构形式按使用材料,一般可分为土石围堰、混凝土围堰、钢板桩围堰等。土石围堰防渗结构形式主要有高喷防渗墙、地下连续墙、黏土芯墙等。

2.1.1.2 围堰结构形式对比见表2.1.1。

表2.1.1 围堰结构形式对比

围堰类型	工程特点
土石围堰	就地取材,施工方便,易于拆除,适应性强,抗冲能力差
混凝土围堰	防渗性能好,断面尺寸小,抗冲能力强
钢板桩围堰	断面尺寸小,抗冲能力强,施工质量控制要求高

2.1.1.3 土石围堰填筑通常采用陆上填筑或水上抛填与陆上填筑相结合的方式,陆上填筑施工设备主要有挖掘机、自卸车、推土机等;混凝土围堰施工设备主要有成槽机、履带吊、混凝土泵车等;钢板桩围堰施工设备主要有静压桩机、液压或电动打桩机等。

2.1.1.4 本指南主要介绍"土石围堰+高压旋喷防渗墙"的结构,填筑方式采用陆上填筑。土石围堰结构断面见图2.1.1。

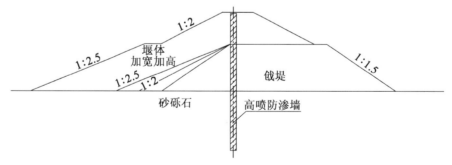

图2.1.1 土石围堰结构断面示意图

2.1.2 工艺准备要点

2.1.2.1 围堰施工前应编制专项施工方案,达到一定规模的危险性较大工程的标准应通过专家论证。

2.1.2.2 掌握施工区域流域及邻近地区气象条件、水文特征、旱涝规律、雨洪成因、季节变化特点等,根据水位变化情况安排围堰填筑时间。

2.1.2.3 围堰施工前宜备足填筑料源,临时施工道路应满足使用要求。

2.1.2.4 根据进度和水情确定龙口合拢时间,提前备足龙口截流材料(如大块石或钢筋石笼),必要时提前备好混凝土四面体等专用材料。

2.1.3 工艺实施流程

土石围堰施工工艺实施流程见图2.1.3。

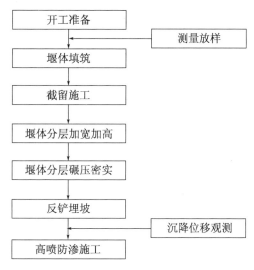

图 2.1.3　土石围堰施工工艺流程

2.1.4 工艺控制重点

2.1.4.1 堰体填筑工艺控制重点主要包括以下内容:

(1)收集施工区域流域及邻近地区气象、水文等资料,分析水位变化规律,确定堰体填筑时间。

(2)堰体材料应采用符合设计要求的开挖料,考虑后续防渗体施工,堰体材料应选用级配合理、有利于密实的填料。

(3)堰体填筑至设定的龙口宽度时,停止堰体填筑,准备截流。

2.1.4.2 截流施工工艺控制重点主要包括以下内容:

(1)就近选择截流材料堆放场地,截流施工前应提前备存龙口截流的大块石、钢筋石笼或混凝土四面体等抛投物料。

(2)根据合拢过程中不同宽度口门流速、落差等水力指标,龙口段宜划分为3~4个施工区(一般分3个区),分别采用不同的材料进行抛填,见图2.1.4。

(3)在龙口Ⅰ区,流速较小,抛填块石料。

(4)在龙口Ⅱ区,流速逐渐增大,应增加抛投强度,加大抛投料块径。流速达到最大、截流最困难龙口段,应重点抛投上挑角及下游突出部位,先在上游侧抛投大料,将水流挑离戗堤;再用大料抛投下游侧,将落差分担在上下游两侧,使之在合拢段上形成多级落差,改善截流条件。

(5)在龙口Ⅲ区,上游水位壅高较大,流速逐渐减小,应采用抛填块石料,加大抛投强度,以尽快合拢。

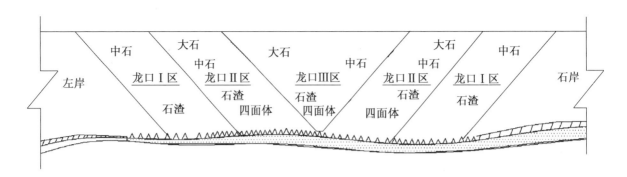

图 2.1.4　龙口分区示意图

2.1.4.3 堰体加宽加高工艺控制重点主要包括以下内容：

（1）堰体加宽加高应合理确定防浪高程，并考虑一定的安全系数，确保堰体不被淹没；施工采用挖掘机装车运至现场，分层填筑，逐层碾压，采用石渣料填筑分层厚度不应大于0.6m。

（2）填筑时应避免粗颗粒、大块体集中现象，为保证后续防渗效果，应做到级配连续且碾压密实。

（3）堰体加高完成后，采用挖掘机进行修坡，同时完成护坡施工。

2.2　围堰防渗施工

2.2.1　工艺简述

2.2.1.1 高压旋喷防渗施工分为单管法、双管法及三管法。单管法是指采用水泥浆直接进行土体切割，形成桩体。双管法（浆液气体喷射法）是指采用二重注浆管同时将高压水泥浆和空气两种介质喷射流横向喷射出，冲击切割土体，以水泥浆填充重新形成固结体。三管法是指喷射水泥浆、空气及高压水，利用高压水切割土体，以水泥浆填充重新形成固结体，施工方法与双管法类似。

2.2.1.2 高压旋喷防渗施工工艺对比见表2.2.1。

表2.2.1　高压旋喷防渗施工工艺对比

工艺名称	特　　点	适　用　条　件
单管法	形成固结体尺寸较小，止水效果较差	适用于松散、稍密砂层
双管法	形成固结体尺寸适中，材料损耗较小	适用于中密砂层
三管法	形成固结体尺寸最大，材料损耗大	适用于圆砾层

2.2.1.3 高压旋喷施工采用的设备有潜孔钻机、高喷台车、空压机、高压水泵等。

2.2.1.4 本指南主要介绍"高压旋喷防渗三管法"施工工艺，见图2.2.1。

2.2.2　工艺准备要点

2.2.2.1 浆液配合比已通过试验验证，符合设计及规范要求。

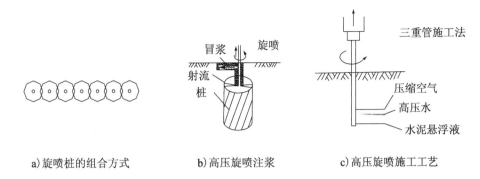

图 2.2.1　高压旋喷工艺示意图

2.2.2.2 基线、水准基点、孔位和防渗墙轴线定位点等,已复核测量并妥善保护。

2.2.2.3 施工设备上的转速表、压力计表、流量表已进行标定。

2.2.2.4 生产性试验已完成,并配合开挖、取芯等试验手段,确认试验效果,为正式施工提供控制参数。

2.2.2.5 对施工场地布置进行规划,开挖排浆沟和集浆池,采取冒浆排放措施和环境保护措施。

2.2.3　工艺实施流程

高压旋喷防渗施工工艺实施流程见图2.2.3。

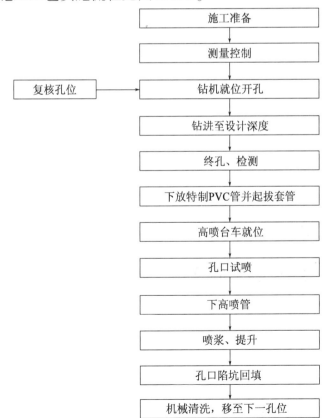

图 2.2.3　高压旋喷施工工艺流程

2.2.4 工艺控制重点

2.2.4.1 钻孔工艺控制重点主要包括以下内容：

（1）选定与高喷管管径相匹配的钻头，孔位偏差应小于5cm。

（2）钻进过程中出现泥浆严重漏失，孔口不返浆时，宜采用加大泥浆浓度、泥浆中掺砂、向孔内填充堵漏材料或对漏失段先行灌浆等措施，直至孔口正常返浆后再继续钻进。

（3）钻孔施工时应采取预防孔斜的措施，钻机安放应平稳牢固，加长粗径钻具，钻杆与粗径钻具的垂直度偏差不应超过5‰，钻孔偏斜率不应超过1%。钻孔有效深度应不小于设计防渗墙底；钻孔孔径应大于喷射管外径2cm。

（4）钻孔过程中宜选取部分高喷孔作为先导孔，采取芯样核对地层，先导孔间距宜为30m左右，钻孔有效深度应大于设计深度30cm。

（5）钻进暂停或终孔待喷时，孔口应加以保护。若时间过长，应采取措施防止塌孔。钻进时，应详细记录孔位、孔深、土层变化和漏浆、掉钻等特殊情况及其处理措施。

2.2.4.2 喷浆工艺控制重点主要包括以下内容：

（1）喷浆前，高喷台车就位，首先进行试喷，三重管机具试运转时的水压约35MPa，空压机风压约0.7MPa，浆压在0.2～1.0MPa，同轴喷射。试喷检查喷嘴、喷管及所有设备运转正常后，下入高喷管至设计深度；下入喷射管时，用胶带保护喷嘴部分防止堵塞。三管法施工水压值、风压值见图2.2.4-1和图2.2.4-2。

图2.2.4-1 三管法施工水压值　　　　图2.2.4-2 三管法施工风压值

（2）当喷头下至设计深度，先送高压水，再送水泥浆和压缩空气（压缩空气宜迟送30s）。按规定参数送浆、送气后进行静喷1～3min，达到预定的喷射压力和喷浆量，且浆液返出孔口后，再按设定的提升、旋转速度，自下而上进行喷射作业；达到桩顶止喷点后，停止送水、送浆、送气，提出喷射管。喷射过程应连续进行。三管法施工浆压值见图2.2.4-3，浆液比重见图2.2.4-4。

图 2.2.4-3　三管法施工浆压值　　　　图 2.2.4-4　浆液比重

（3）高喷灌浆结束后，利用回浆及时补灌，直至孔口浆面稳定为止。

2.2.4.3 特殊情况处理要点主要包括以下内容：

（1）高压喷浆过程中，出现压力突降或骤增、孔口回浆密度或回浆量异常等情况时，应查明原因，及时处理。

（2）孔内漏浆严重时，宜根据具体情况采取如降低喷射管提升速度或停止提升，或降低浆液压力、流量，采取静止喷射、浆液中掺加速凝剂等措施，待孔口正常返浆且返浆比重达到设计值后再恢复提升；出现浆液不足时，旋喷管下入原位进行复喷。

（3）冒浆量过大时，通过提高射流压力或加快旋转和提升速度，减少冒浆量。

（4）发生串浆时，应立即封堵被串浆孔，待串浆孔高压喷浆结束后，尽快对被串浆孔进行扫孔、高压喷浆或继续钻进。串浆量较大时，应降低气压并加大浆液密度或进浆量。

（5）供浆正常情况下，孔口回浆密度变小且不能满足设计要求时，应加大进浆密度或进浆量。

2.2.4.4 高压旋喷止水帷幕的质量检查，宜采用钻孔取样、标准贯入试验、开挖检查等方法。

2.3　围堰拆除

2.3.1　工艺简述

2.3.1.1 围堰拆除根据围堰结构形式，可采取不同的拆除工艺及拆除设备。土石围堰拆除主要采用机械挖除工艺，主要设备有挖掘机、运输车、抓斗式挖泥船组、链斗式挖泥船组等；混凝土围堰拆除主要采用爆破工艺，主要设备有空压机、钻孔机、炸礁船组、清渣船组等；钢板桩围堰拆除采用拔桩机拔除工艺，主要设备有挖掘机、履带式拔桩机等。

2.3.1.2 本指南主要介绍"土石围堰+高压旋喷防渗墙"结构形式的围堰拆除。

2.3.2　工艺准备要点

2.3.2.1 围堰拆除应编制专项施工方案，达到一定规模的危险性较大工程的标准应通过专家论证。

2.3.2.2 围堰拆除前,应对需要挡水的建筑物及进水后无法进行质量检测的建筑物等进行验收,验收后方可进行围堰拆除。

2.3.3 工艺实施流程

土石围堰拆除施工工艺实施流程见图2.3.3。

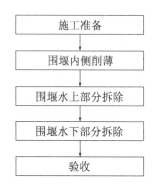

图2.3.3 土石围堰拆除施工工艺流程

2.3.4 工艺控制重点

2.3.4.1 土石围堰拆除宜在枯水期低水位进行施工,拆除原则为"分区逐层削薄,减少水下施工"。

2.3.4.2 内河有水位差的土石围堰拆除应先进行下游围堰拆除,充水平衡后再进行上游围堰拆除。

2.3.4.3 土石围堰一般分为水上和水下拆除,全断面拆除分区见图2.3.4;土石围堰断面拆除顺序为:围堰内侧削薄区→围堰水上部分拆除区→围堰水下部分拆除区;围堰内侧削薄区和水上部分拆除区在拆除施工前,应对未拆除部分堰体在施工期的稳定性进行验算,确定削薄区和水上部分拆除区的分界线,确保围堰拆除的施工安全。

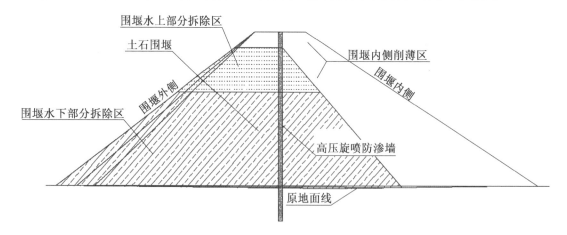

图2.3.4 土石围堰全断面拆除分区示意图

3 基坑开挖

3.1 土石方开挖

3.1.1 工艺简述

3.1.1.1 基坑开挖方法分为横向挖掘法、纵向挖掘法、混合式挖掘法。横向挖掘法是指从开挖基坑的一端或两端按全断面一次性开挖至设计高程;纵向挖掘法是指沿基坑全宽纵向分层开挖;混合式挖掘法是指多层横向全宽和通道纵向配合开挖。

3.1.1.2 基坑开挖施工工艺对比见表3.1.1。

表3.1.1 基坑开挖施工工艺对比

工艺名称	特 点	适用条件
横向挖掘法	施工工作面多、施工周期短、施工便道布置复杂	适用于开挖浅且短的基坑
纵向挖掘法	施工周期长,施工便道费用少,基坑开挖可与结构施工流水作业	适用于开挖较浅且长的基坑
混合式挖掘法	施工设备投入多、施工周期短、施工便道布置复杂	适用于开挖长且深的基坑

3.1.1.3 基坑开挖应根据不同的地质条件,选用相应的设备和工艺;土质基坑采用的设备有挖掘机、推土机等;石质基坑一般采用钻爆与破碎锤开挖相结合的方式进行开挖。

3.1.1.4 本指南主要介绍"深基坑混合式挖掘法"施工工艺。

3.1.2 工艺准备要点

3.1.2.1 基坑开挖应编制专项方案,并通过专家论证。

3.1.2.2 石方爆破应编制专项方案并经专家论证。火工材料、用品的使用与保管等措施已审批并具备实施条件,施工前向当地公安部门申办好爆破作业许可证。

3.1.2.3 围堰施工完成并已通过验收。

3.1.2.4 防渗帷幕墙已施工形成闭合圈。

3.1.2.5 基坑降水井运转正常,基坑内地下水已降至开挖层面以下50cm。

3.1.2.6 基坑支护已完成并通过验收。

3.1.2.7 基坑及周围建筑物沉降位移观测点布置完成并已采集初始数据。

3.1.3 工艺实施流程

3.1.3.1 土方开挖施工工艺实施流程见图 3.1.3-1。

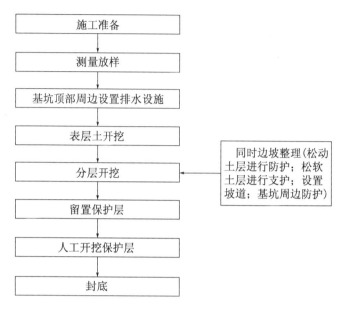

图 3.1.3-1 土方开挖施工工艺流程

3.1.3.2 石方开挖施工工艺实施流程见图 3.1.3-2。

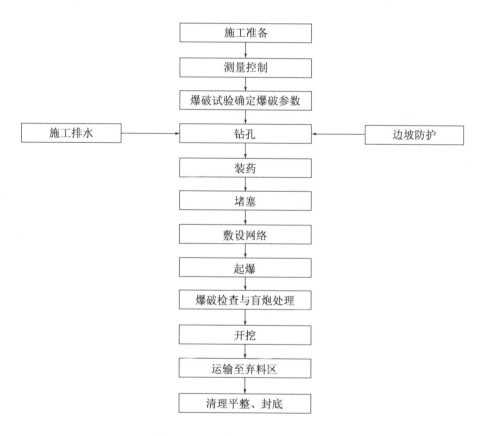

图 3.1.3-2 石方开挖施工工艺流程

3.1.4 工艺控制重点

3.1.4.1 测量控制重点主要包括以下内容：

（1）对基坑和周围建筑物的沉降位移进行监测，发现异常应及时分析原因，迅速处理。

（2）严格控制开挖边线、边坡，应在每级坡平台面上设置醒目标识。

3.1.4.2 基坑降排水工艺控制重点主要包括以下内容：

（1）根据地质条件及降水试验，确定设置降水井的井位、间距及数量。

（2）降水期间应定期监测降水井内水位；雨季或者出现新的补给源时，应及时采取增加井数、改变抽水设备性能等措施。

（3）基坑邻近建筑物应设置观测井，定期观测与回灌，采用水位控制器控制水位的高程。

（4）在基坑边坡顶面设置排水沟（排水沟做防渗处理），设置相应集水坑将水排出施工区域。

（5）在基坑底周设置边沟及集水坑，采用水泵将水抽排至基坑边坡顶面排水沟。排水沟见图3.1.4-1，降水井见图3.1.4-2。

图3.1.4-1　排水沟

图3.1.4-2　降水井

3.1.4.3 出渣道路布置重点主要包括以下内容：

（1）根据地形条件，出渣道路应合理采用不同的布置方式。出渣道路布置按布置形式的不同，一般可分为岸坡分层式（图3.1.4-3）、岸坡集中式（图3.1.4-4）、岸坡迂回式（图3.1.4-5）、基坑直进式（图3.1.4-6）。

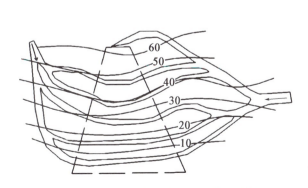

图3.1.4-3　岸坡分层式道路布置示意图

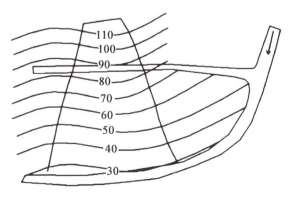

图3.1.4-4　岸坡集中式道路布置示意图

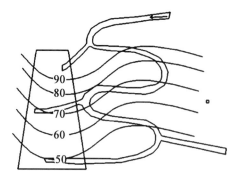 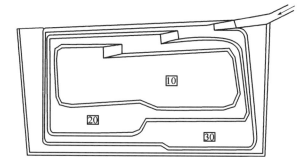

图 3.1.4-5　岸坡迂回式道路布置示意图　　　图 3.1.4-6　基坑直进式道路布置示意图

(2)出渣道路布置形式对比见表 3.1.4。

表 3.1.4　基坑开挖出渣道路布置形式对比

工艺名称	特　　点	适 用 条 件
岸坡分层式	道路布置灵活、便捷,施工费用低	适用于两岸地形相对平缓或高边坡分层开挖
岸坡集中式	道路布置难度大,费用高	适用于地形狭窄、两岸陡峻、修筑道路有困难的地形
岸坡迂回式	道路布置灵活、便捷,施工费用低	适用于两岸上部平缓宽阔、下部特别陡峻的地形
基坑直进式	道路布置简便,施工期短,费用低,但适应性不强	适用于条形基槽薄层开挖

3.1.4.4　土方开挖工艺控制重点主要包括以下内容:

(1)基坑开挖前,边坡顶面设置排(截)水沟,防止明水流入基坑。

(2)逐层开挖基坑,做好边坡防护,合理调配土方。

(3)开挖至基坑底部时应预留保护层,随后采用小型机械配合人工在封底前突击挖除。

(4)在基底周边设置排水边沟,防止明水浸泡基坑。

(5)基底开挖完成后及时验槽,确认基底土质与地勘报告是否相符。基底验槽见图 3.1.4-7,基坑开挖见图 3.1.4-8。

(6)开挖时应根据环保节约资源的原则,挑选符合回填质量要求的土方堆放至临时堆土区用于墙后回填。

(7)堆放时表土应单独堆放,以备弃土区覆盖之用,一部分择地临时堆放,作为主体工程回填土表面铺设之用,淤泥直接送至弃土区。堆土完成后,表层由事先备下的宜种植土覆盖,符合绿色环保要求,满足复耕条件。

图 3.1.4-7　基底验槽

图 3.1.4-8　基坑开挖

3.1.4.5 石方开挖工艺控制重点主要包括以下内容：

（1）石方明挖宜采用梯段微差挤压爆破，永久边坡采用预裂爆破或光面爆破，沟槽开挖采用槽挖爆破。

（2）石方开挖前应进行爆破试验，以确定经济、合理、安全的爆破方案。

（3）在各部位基础开挖过程中，预留一定的保护层，采用小型设备配合人工撬挖突击施工。基坑石方开挖见图 3.1.4-9。

（4）开挖后对松散石方及时清理，并联合验槽。建基面清理见图 3.1.4-10。

图 3.1.4-9　基坑石方开挖

图 3.1.4-10　建基面清理

3.2　边 坡 防 护

3.2.1　工艺简述

3.2.1.1　边坡防护主要分为坡面防护和支挡结构防护两类。坡面防护常用喷射混凝土、锚喷护坡、锚喷挂网护坡、植被护坡等；支挡结构防护常用抗滑桩、挡土墙、锚杆、预应力锚索等。对开挖后无须防护的基坑裸露坡面，表面宜采用植草防护措施，防止水土流失。

3.2.1.2　本指南主要介绍锚杆施工工艺。

3.2.2 工艺准备要点

3.2.2.1 在锚杆施工前,应根据设计要求、土层条件和环境条件,选择合适的施工设备、器具和工艺。

3.2.2.2 高边坡脚手架搭设应编制专项方案,达到一定规模的危险性较大工程的标准应通过专家论证。

3.2.2.3 边坡支护施工应与边坡开挖施工结合进行,确定分层厚度,边开挖边分层施工安装。

3.2.2.4 根据设计要求和机器设备的规格、型号,做好锚杆施工工作平台及安全措施。

3.2.2.5 锚杆施工前,应探清边坡上的危岩分布情况,并完成边坡上危岩的清理。

3.2.2.6 注浆锚杆的水泥砂浆应进行试验室配合比试验。

3.2.3 工艺实施流程

3.2.3.1 后注浆法(先安装锚杆后注浆)锚杆施工工艺实施流程见图 3.2.3-1。

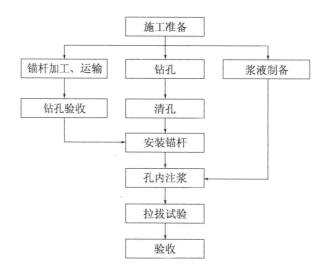

图 3.2.3-1 后注浆法锚杆施工工艺流程

3.2.3.2 先注浆法(先注浆后安装锚杆)锚杆施工工艺实施流程见图 3.2.3-2。

3.2.4 工艺控制重点

3.2.4.1 施工平台搭设工艺控制重点主要包括以下内容:

(1)边坡支护施工应与边坡开挖施工结合进行,边坡开挖完成后应立即进行支护。

(2)利用建筑钢管或型钢搭设施工平台,应进行专项设计,确保刚度和稳定性,平台利用锚杆与坡面固定。

(3)根据高边坡实际设计参数,边坡坡度陡于1:0.5时,宜采用普通脚手架施工;边坡坡度缓于1:0.5时,应采用台阶式脚手架施工。

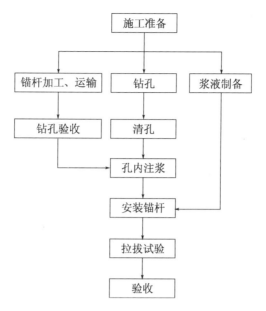

图 3.2.3-2　先注浆后锚杆施工工艺流程

（4）主受力立杆间距 1m，其余辅助受力立杆宜调整搭设间距至 1.2m，锚杆施工自下而上，平台施工顺序也由下而上搭设。施工平台见图 3.2.4-1、图 3.2.4-2。

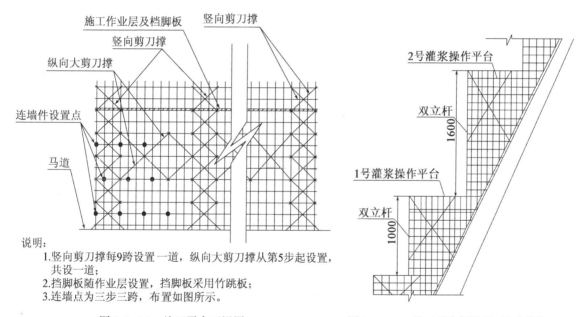

图 3.2.4-1　施工平台正视图　　　图 3.2.4-2　施工平台侧视图(尺寸单位:mm)

3.2.4.2　钻孔工艺控制重点主要包括以下内容：

（1）注浆锚杆的钻孔孔径应满足设计要求，且应满足锚杆体插入后的最小直径要求。

（2）采用"先注浆后安装锚杆"方法施工时，钻头直径应大于锚杆体直径 15mm 以上。

（3）采用"先安装锚杆后注浆"方法施工时，钻头直径应大于锚杆体直径 25mm 以上。

3.2.4.3　锚杆的锚固和安装工艺控制重点主要包括以下内容：

(1)锚杆孔清洗完成并经监理验收合格后,方能进行锚杆安装。

(2)安放锚杆时,应在锚杆上安设对中定位装置,使锚杆处于钻孔中心;焊接对中支架时,不得损伤锚杆本体。锚杆中心定位支架见图3.2.4-3。

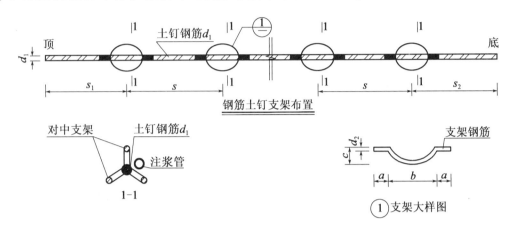

图3.2.4-3 锚杆中心定位支架示意图

3.2.4.4 锚杆的注浆工艺控制重点主要包括以下内容:

(1)先注浆锚杆:注浆管插入距孔底50~100mm时进行注浆,应边注浆边向外拔管,直至孔内注满浆液。人工将锚杆迅速插入孔内。应在孔口加木楔使锚杆体居中。

(2)后注浆锚杆:人工将锚杆插入锚杆孔内,应在孔口加楔固定,使杆体居中。注浆管插入至距孔底50~100mm时开始注浆;孔口溢出浓浆后,缓慢将注浆管拔出,使锚杆孔内注满砂浆。

(3)锚杆孔注浆凝固前,不得敲击、碰撞和拉拔锚杆。

(4)采用二次劈裂压浆的锚杆,当首次压浆强度达到5MPa时进行二次压浆。二次压浆注浆管留在孔内。

(5)对于6m以上的锚杆应采用先插杆后注浆工艺。

3.2.4.5 基坑支护常见的问题及处理措施主要包括以下内容:

(1)支护结构整体失稳或顶部发生位移时,宜采用卸载法,减少桩后主动土压力。

(2)支护桩底发生位移、桩身后仰时,宜采用加设钢板桩与断桩连接或加设内支撑,减少支护结构的内力和水平变形。

(3)基坑周围产生过大的地面沉降,影响周围建筑物的使用和安全时,宜在被开挖的基坑与周围原有建筑物之间建立一道隔断墙;隔断墙宜采用深层搅拌桩、压力注浆等筑成,形成对周围建筑物的保护作用。

(4)基坑开挖过程中出现防水帷幕桩间漏水时,宜采用注浆法进行封堵处理。

(5)基坑底部隆起变形时,宜在基坑底部采取压力注浆、搅拌桩及旋喷桩等措施,提高基坑底部土体的抗剪强度,同时起到止水防渗的作用。

(6)基底产生流沙时,宜在基坑底部设置深管井、井点或深井与轻型井点相结合的方式进行降水。

4 地基处理

船闸工程地基处理方式有预制桩、灌注桩、钢桩、水泥搅拌桩、碎石桩和挤密砂桩等。本指南主要介绍水泥搅拌桩及预制管桩施工工艺。

4.1 水泥搅拌桩

4.1.1 工艺简述

4.1.1.1 水泥搅拌桩根据施工工艺不同,可分为浆液搅拌法(湿喷法)和粉体搅拌法(粉喷法),采用单轴、双轴、多轴搅拌头,搅拌头分为单向搅拌和双向搅拌,成桩形式分为"两搅一喷""四搅两喷""四搅三喷"等。

4.1.1.2 水泥搅拌桩施工工艺对比见表4.1.1。

表4.1.1 水泥搅拌桩施工工艺对比

工艺名称	特 点	适 用 条 件
浆液搅拌法	形成的桩体强度低,形成强度时间短、离散性较高;但施工简单、控制手段较多,质量易控制	适用于处理淤泥质土、素填土、软塑黏性土、粉细砂、粉土、中粗砂、砾砂和黄土等土层
粉体搅拌法	施工机具体积较小,适应性强,便于操作;沉桩深度浅,质量控制难度大	适用土层同于浆液搅拌桩。当地基土的天然含水率大于30%(黄土含水率大于25%)、小于70%宜采用

4.1.1.3 本指南主要介绍"四搅三喷的单轴单头水泥搅拌桩"施工工艺。双向水泥搅拌桩施工见图4.1.1。

图4.1.1 双向水泥搅拌桩施工

4.1.2 工艺准备要点

4.1.2.1 已完成场地清理,地面承载力不满足施工需求时,应进行处理。

4.1.2.2 完成水泥土配合比设计。

4.1.2.3 已根据设计和规范要求进行工艺性试桩,并根据试桩检测结果确定施工参数。

4.1.3 工艺实施流程

4.1.3.1 水泥搅拌桩施工工艺实施流程见图4.1.3-1。

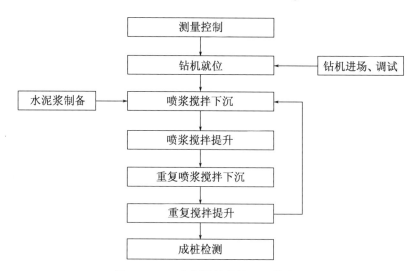

图4.1.3-1 水泥搅拌桩施工工艺流程

4.1.3.2 水泥搅拌桩施工工艺见图4.1.3-2。

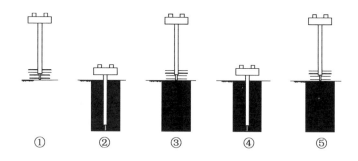

①钻机就位、对中;②喷浆搅拌下沉;③喷浆搅拌提升;④重复喷浆搅拌下沉;⑤重复搅拌提升

图4.1.3-2 水泥搅拌桩施工工艺示意图

4.1.4 工艺控制重点

4.1.4.1 在一个区域内,应由周边向中心区域打设,有利于整体的成桩质量和软基处理效果。

4.1.4.2 水泥浆制备工艺控制重点主要包括以下内容:

(1)水泥浆拌制应设置集中拌浆站,搅拌机采用自动数控高速搅拌机(图4.1.4-1),

拌浆站生产能力应满足施工现场高峰期供浆需求。

（2）水泥浆运输应采用管道或罐车输送至桩基钻进位置，确保供浆连续。

（3）每台钻机处应设置两只储浆桶，桶容量应大于单根桩水泥浆用量，施工时控制"一桩一桶"，确保单根桩水泥用量，同时减少废弃。

（4）设置专人检查水泥用量并与每天成桩量对比，防止供耗不符。

（5）制备好的水泥浆不得离析，停置时间不得超过规定时间。若停置时间超过规定时间，不得使用。

4.1.4.3 喷浆搅拌工艺控制重点主要包括以下内容：

（1）施工现场应设置信息收集监控站（图4.1.4-2），采集每台钻机用浆量、钻进速度、搅拌速度等施工参数，同时安装高清摄像头，实现信息化管理。

图4.1.4-1 自动数控高速搅拌机

图4.1.4-2 搅拌桩信息监控站

（2）喷浆分为钻进喷浆和提升喷浆，浆液喷入时应均匀、连续，严格控制灰浆泵、管道及钻头喷浆压力，确保桩身水泥掺量满足要求。

（3）原地面与桩顶存在空钻时，应采取空钻喷水等防堵措施。

（4）复搅时，对局部喷浆不足的桩身部位应补浆。

4.1.4.4 成桩检测工艺控制重点主要包括以下内容：

成桩完成后，按设计和规范要求钻芯取样检测。复合地基承载力按设计要求的检查方法进行检测。钻芯取样见图4.1.4-3，成桩质量见图4.1.4-4。

图4.1.4-3 钻芯取样

图4.1.4-4 成桩质量

4.2 管桩沉桩

4.2.1 工艺简述

4.2.1.1 预制管桩沉桩工艺根据管桩型号、地质条件、周边环境、机具选择的不同,可分为锤击下沉、振动下沉、静压下沉等。锤击法是指利用桩锤下落时的瞬时冲击机械能,克服土体对桩的阻力,使其静力平衡状态遭到破坏,从而使桩体下沉;振动沉桩是指将振动打桩机安装在桩顶,一方面利用激振使桩周围土体液化,以减小土对桩的阻力,另一方面利用向下的振动力使桩沉入土中;静压桩法施工是指通过静力压桩机的自重和配重提供反力而将管桩压入土中。

4.2.1.2 管桩沉桩施工工艺对比见表4.2.1。

表4.2.1 管桩沉桩施工工艺对比

工艺名称	特　　点	适用条件
锤击下沉	施工速度快,机械化程度高;施工噪声和振动大	适用于桩径较小,地基土质为可塑性黏性土、砂性土、粉土、细砂以及松散碎卵石类土的情况
振动下沉	施工速度较快,机械化程度较高,功效高;施工噪声和振动较大	适用于可塑性的黏性土和砂土,土的抗剪强度受振动时有较大降低的砂土等地基
静压下沉	施工噪声小,无振动,功效高,对周边环境影响小,受季节影响小,终桩压力可视化,质量控制有保障;设备体型大,配载重,对施工场地地基承载力要求高	适用于较均质的可塑性黏性土(标准贯入度$N<20$)、淤泥质土;有防噪声要求的地区可优先选用

4.2.1.3 本指南主要介绍"锤击法"的管桩沉桩施工工艺,见图4.2.1。

图4.2.1 锤击法管桩施工

4.2.2 工艺准备要点

4.2.2.1 测量控制网、基线、控制点布设已完成。

4.2.2.2 管桩出厂质量检验合格,并附产品质量文件。

4.2.2.3 已根据设计要求进行试桩,并确定成桩工艺和停锤标准。

4.2.2.4 桩机设备已进场并完成组装、调试,验收合格,具备施打条件。

4.2.3 工艺实施流程

4.2.3.1 锤击法沉桩施工工艺实施流程见图4.2.3-1。

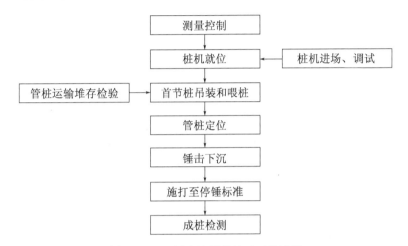

图 4.2.3-1 锤击法管桩施工工艺流程

4.2.3.2 管桩施工工艺见图4.2.3-2。

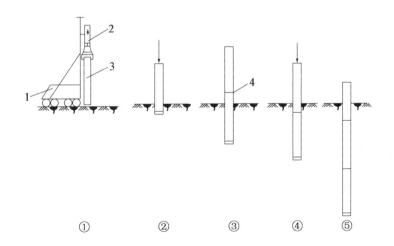

①测量控制、桩机就位、首节吊装和喂桩;②管桩定位、锤击下沉;③接桩;④再锤击、再接桩,再锤击;⑤施打至设计高程

图 4.2.3-2 管桩施工工艺示意图

1-打桩机;2-打桩锤;3-桩;4-接桩

4.2.4 工艺控制重点

4.2.4.1 测量控制重点主要包括以下内容:

(1)建立施工控制网,控制点尽量远离打桩区域,并加以保护。

(2)在地面清晰标识桩位,并做好标记。

4.2.4.2 桩机就位工艺控制重点主要包括以下内容:

(1)桩机进场后进行现场拼装、调试,检查各部件及仪表是否灵敏有效,非标设备应组织验收。桩机现场拼装、就位见图4.2.4-1。

图4.2.4-1 桩机现场拼装、就位

(2)桩架应平稳架设在打桩部位,打桩机就位时做到对准桩位、垂直稳固。

4.2.4.3 管桩吊运堆存检验工艺控制重点主要包括以下内容:

(1)管桩运至施工现场时应进行检查验收,严禁使用质量不合格及存在裂缝的桩。

(2)管桩采用分节安装,分节吊装宜采用两头钩吊法,吊钩钩于管桩两端头处,绳索与桩身水平夹角应大于45°。两头钩吊法吊运见图4.2.4-2、图4.2.4-3。

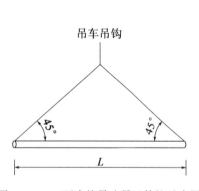 

图4.2.4-2 两头钩吊法吊运管桩示意图　　图4.2.4-3 两头钩吊法吊运

(3)管桩叠层堆放时应使用软垫(木垫),支点位置应符合规范要求(垂直于桩长度方向,距离桩端0.2倍桩长处);管桩叠层堆放不宜超过5层;底层最外缘的桩应在垫木处用木楔塞紧。管桩现场堆放见图4.2.4-4。

(4)桩叠层堆放超过两层时,应采用吊机取桩,严禁拖拽取桩。

4.2.4.4 管桩吊装、定位工艺控制重点主要包括以下内容:

(1)管桩采用吊车配合桩机起吊就位,吊点采用钢丝绳双道捆扎,采用两点吊法吊起桩身至一定高度后立桩送入龙口。管桩吊装喂桩见图4.2.4-5。

图4.2.4-4 管桩现场堆放

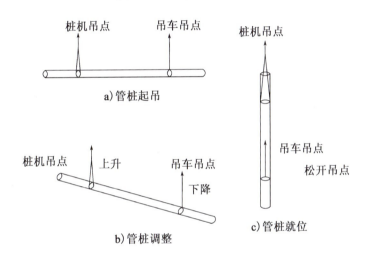

图4.2.4-5 管桩吊装喂桩示意图

（2）及时检查捆扎钢丝绳的断丝和磨损情况。

（3）用钢丝绳捆绑并控制桩的下端，使其定位准确。

（4）桩架自动调直后，采用两台测量仪器成90°角对桩身垂直度进行测控。

4.2.4.5 锤击沉桩工艺控制重点主要包括以下内容：

（1）根据地质条件、桩型、桩的密集程度、单桩竖向承载力及施工条件等情况，选择合适的打桩机和桩锤。

（2）对于群桩基础，管桩施打顺序应遵循由中间向四周、先深后浅的原则，根据管桩规格，先大后小、先长后短进行施打。当一侧毗邻建筑物时，应由毗邻建筑物处向另一方向施打。

（3）锤与替打、替打与桩之间应加设替打垫等弹性衬垫。

（4）锤击沉桩时，桩锤、替打应与桩身在同一中心线上，锤击过程中应跟踪观测管桩垂直度，及时调整。

（5）管桩终止锤击的控制应符合设计要求。

（6）当遇到贯入度剧变，桩身突然发生倾斜、溜桩或有严重回弹，桩顶或桩身出现严重裂缝、破碎等情况时,应暂停打桩,并分析原因,采取相应措施。

4.2.4.6 接桩工艺控制重点主要包括以下内容:

(1)接桩前,应检验已沉入管桩桩头是否完好。

(2)管桩对接前,应将管桩连接部位清理干净。

(3)为便于接桩操作,下节桩段的桩头宜高出地面0.5~0.8m。焊接连接时,下节桩的桩头处宜设导向箍,接桩就位纠偏时,不得采用大锤横向敲打。

(4)上下桩节固定后拆除导向箍分层施焊,焊接宜在桩四周对称进行,焊缝应连续、饱满。

(5)焊好后的桩接头应自然冷却后方可继续锤击,自然冷却时间宜大于8min,严禁浇水快速冷却或焊好即施打。

(6)机械螺纹接桩时,应采用专用接头锥度对中,对准上下节桩进行旋紧连接。

5 船闸主体结构

5.1 底 板

5.1.1 工艺简述

5.1.1.1 底板一般分为整体式和分离式两种,船闸底板宜采取"跳仓法"施工,相邻间底板采用先低后高施工;底板按照浇筑工艺,可分为一次浇筑工艺、分层浇筑工艺、分块浇筑工艺,其相应施工工艺分别为底板混凝土一次浇筑成型、底板分两层或多层浇筑成型、分块浇筑预留施工缝待二期封铰形成整体。底板混凝土浇筑施工工艺对比见表5.1.1-1。

表5.1.1-1 底板混凝土施工工艺对比

工艺名称	特 点	适 用 条 件
一次浇筑	施工周期短,无施工缝	适用于底板结构形式简单
分层浇筑	施工周期长,有利于结构混凝土温控	适用于底板结构形式复杂,底板厚度较大
分块浇筑	施工周期长,有利于消除地基沉降引起的结构裂缝	适用于地基沉降量较大,易产生不均匀沉降

5.1.1.2 混凝土浇筑入仓方式一般有泵送法、吊罐法、皮带机输送法。混凝土浇筑方法对比见表5.1.1-2。

表5.1.1-2 底板混凝土入仓方式对比

工艺名称	特 点	适 用 条 件
泵送法	工效高、浇筑速度快,对混凝土工作性能要求高,不利于混凝土控裂	适用于大坍落度混凝土
吊罐法	有利于混凝土控裂,设备投入多,振捣等施工工艺要求高	道路场地满足混凝土运输和浇筑条件,适用于低坍落度混凝土
皮带机输送法	有利于混凝土控裂,振捣等施工工艺要求高	道路场地满足混凝土运输和浇筑条件,适用于低坍落度混凝土

5.1.1.3 本指南主要针对整体式底板及分离式底板分块浇筑施工工艺进行介绍,尺寸较大的整体式底板通过预留施工宽缝将底板分块浇筑,沉降变形基本稳定后封铰形成整体。分离式底板通过纵横向施工缝将底板分成若干块进行浇筑。整体式底板结构见图5.1.1-1,分离式底板结构见图5.1.1-2。

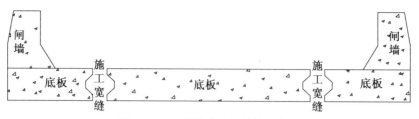

图 5.1.1-1　整体式底板结构示意图

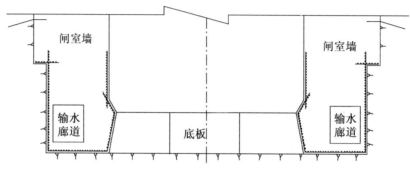

图 5.1.1-2　分离式底板结构示意图

5.1.2　工艺准备要点

5.1.2.1　基槽降、排水已满足要求(一般要求降至基槽底面 50cm 以下)。

5.1.2.2　基坑边坡防护及边坡位移变化均符合稳定性要求。

5.1.2.3　地基处理已验收合格。

5.1.2.4　基底已通过联合验收并封底。

5.1.3　工艺实施流程

底板施工工艺实施流程见图 5.1.3。

5.1.4　工艺控制重点

5.1.4.1　测量控制重点主要包括以下内容：

(1)施工前应对封底高程进行复测校核，垫层混凝土顶面高程不得高于底板的设计底高程；面层钢筋绑扎前，对支撑钢筋高程进行控制。

(2)应对船闸中心线、底板角点等特征点的放样进行复核。底板钢筋绑扎后，应对廊道、边墩相关附属结构(集水井、闸首底枢、阀门井等)钢筋及预留槽进行精确放样。

(3)底板顶面施工应按设计高程加预留沉降量。

(4)底板底宜设置地基沉降观测管，浇筑过程中观测底板加载后的沉降情况。

(5)根据设计图纸布设沉降观测钉，底板浇筑后实施沉降观测。

5.1.4.2　钢筋制作安装工艺控制重点主要包括以下内容：

(1)顶面钢筋安装前，应先布置槽钢支撑及宽缝型钢桁架支撑，槽钢及型钢桁架刚度应通过计算确定，满足受力要求确保整体稳定；支撑纵横向间距不宜大于 1.8m，按单块底板均匀分布安装支撑，单个支撑纵横向应设置钢筋斜撑并焊接牢固。支撑与宽缝桁架见图 5.1.4-1。

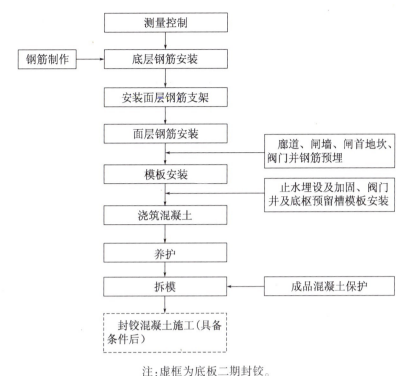

图 5.1.3 底板施工工艺流程

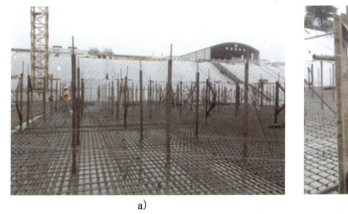
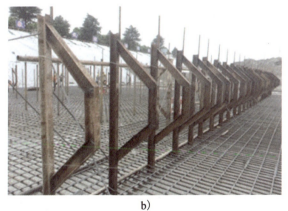

图 5.1.4-1 支撑与宽缝桁架

（2）绑扎后面层钢筋顶面不得集中堆载施工材料、机具，顶面钢筋不得随意切断。

（3）钢筋骨架保护层垫块宜采用高强混凝土垫块绑扎牢固，强度宜高于主体结构混凝土强度一个等级；钢筋骨架支撑底端设置垫块，侧面钢筋保护层垫块应采用梅花状布设，钢筋直径较小时和异形钢筋骨架处应适当加密。

（4）设置临时固定措施，严格控制倒角钢筋的位置与角度。倒角预埋钢筋设置临时钢筋固定见图 5.1.4-2。

（5）预埋钢筋暴露时间较长的，底板施工完成后应对预埋钢筋进行阻锈保护处理。预埋钢筋和外露钢筋涂刷防锈涂层见图 5.1.4-3。

（6）钢筋骨架顶面保护层应采用定制型钢控制，混凝土浇筑前应采用与保护层厚度相同的型钢与骨架顶面钢筋绑扎,混凝土浇筑面与型钢顶面齐平。型钢控制顶面保护层见图5.1.4-4。

图5.1.4-2　倒角预埋钢筋设置临时钢筋固定

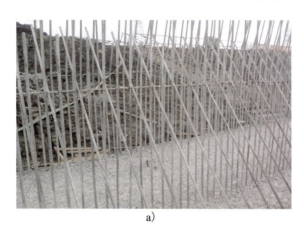

图5.1.4-3　预埋钢筋涂刷防锈涂层

图5.1.4-4　型钢控制顶面保护层

（7）止水安装与钢筋交叉处切割部分钢筋应在止水安装完成后,采用"过桥法"对切断的钢筋进行连接。

（8）钢筋骨架成型应采用定位架,准确定位主筋、分布筋和箍筋。

5.1.4.3　模板制作安装工艺控制重点主要包括以下内容：

(1)闸室墙面模板与拉条螺栓交接处应设置圆台螺母,模板外侧面应采取适当措施防止漏浆。

(2)模板开槽或开孔应采用切割机切割或电钻开孔。

(3)整体式底板宽缝模板应采用定型型钢桁架支撑,见图5.1.4-5。

(4)未设置抗浮锚杆的底板,在浇筑前应在基岩钻孔植筋,将拉条焊接在已植入基岩里的锚筋上(设置抗浮锚杆的底板,采用锚杆替代锚筋)。拉条与锚筋焊接见图5.1.4-6。

图5.1.4-5 宽缝模板

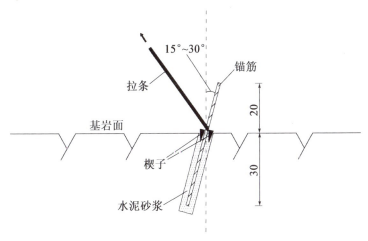

图5.1.4-6 拉条与锚筋焊接示意图(尺寸单位:cm)

(5)浇筑前记录模板各项检查参数的原始数据,随混凝土分层浇筑进度逐层检查模板变形数据,以便及时纠偏。

5.1.4.4 止水构件的制作及安装工艺控制重点主要包括以下内容:

(1)紫铜止水焊接应进行防渗漏检测,重点检查止水焊接质量,确保止水效果。

(2)紫铜止水采用折叠咬接或搭接,搭接长度不少于20mm,咬接或搭接应采取双面焊。水平铜止水焊接见图5.1.4-7,垂直铜止水焊接见图5.1.4-8。

(3)橡胶止水带、PVC止水片宜采用热粘接。

(4)橡胶止水带对接时端部宜齐平,在距端部10~12cm处画线标出搭接范围,此范围内的肋条应全部割除并锉平,以保证粘接面平整。

(5)止水构件应存放于库房内,膨胀止水橡胶条应干燥存放,止水条安装后至混凝土浇筑期间,应采取防水措施。

图 5.1.4-7　水平铜止水焊接　　　　　图 5.1.4-8　垂直铜止水焊接

（6）底板水平止水处模板由于止水上下模板分离,止水上方模板安装应控制整体线形,安装牢固；模板下端应与止水构件紧密贴合。水平止水铜片安装见图 5.1.4-9。

（7）底板与墙身衔接处 T 型或 L 型铜片止水,将搭接铜片预留一定间隙,灌注沥青,防止因铜片不平整、不密贴造成绕流渗水。底板与墙身衔接处止水布置见图 5.1.4-10。

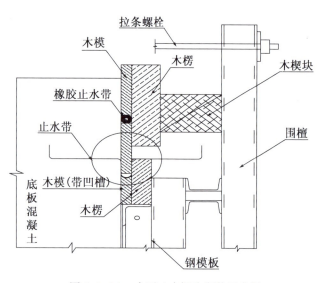 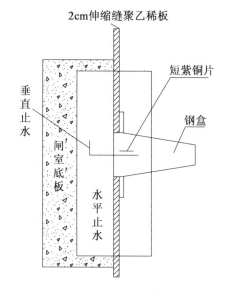

图 5.1.4-9　水平止水铜片安装示意图　　　图 5.1.4-10　底板与墙身衔接处止水布置

（8）止水带安装时,应采用专用支托卡具支撑牢固,竖向止水（浆）带的支托卡具每 0.5m 一道,水平止水（浆）带的支托卡具每 1m 一道。竖直止水带加固措施见图 5.1.4-11,水平止水带加固措施见 5.1.4-12。

5.1.4.5　混凝土浇筑工艺控制重点主要包括以下内容：

（1）底板混凝土浇筑宜采用吊罐法和皮带机输送法。皮带机输送法混凝土浇筑见图 5.1.4-13。

（2）浇筑底板面层之前,在面层钢筋上铺设与混凝土保护层厚度相同的型钢作为混凝土刮平导轨,以保证面层高程、平整度与保护层厚度。面层钢筋上部设置方钢导轨见图 5.1.4-14,磨光机对表面收光见图 5.1.4-15。

图 5.1.4-11　竖直止水带加固

图 5.1.4-12　水平止水带加固

图 5.1.4-13　皮带机输送法混凝土浇筑

图 5.1.4-14　面层钢筋上部设置方钢导轨

图 5.1.4-15　磨光机对表面收光

（3）面层宜采用坍落度较小的混凝土，浇筑时及时清理表面浮浆。

（4）为防止底板与闸墙结构连接处渗漏，底板顶面宜预留笋槽或安装止水板。

（5）整体式底板宽缝封铰应对两侧混凝土切边修整，表面凿毛。宽缝浇筑应满足设计封铰条件，降水条件同底板浇筑期要求相同，水位降至底板以下 0.5m。

（6）闸首底板上纵横格梁等边、棱角拆模后采用角钢防护，保护棱角不被破损。成品棱角保护见图 5.1.4-16。

5.1.4.6　混凝土养护工艺控制重点主要包括以下内容：

（1）底板顶面冬季采用"两布一膜"覆盖保温养护（图5.1.4-17），夏季可采取覆盖洒水养护。

（2）底板侧面冬季应覆盖保温，伸缩缝部位拆模后利用填缝材料覆盖保温，夏季采取洒水养护。

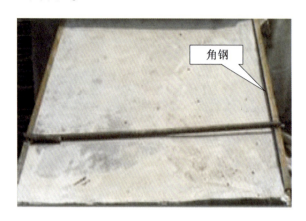 

图5.1.4-16　成品棱角保护　　　　　　图5.1.4-17　冬季"两布一膜"覆盖保温养护

5.1.4.7　大体积混凝土原材料选用与配合比优化主要包括以下内容：

（1）在满足混凝土工作性和强度条件下，应尽量减小水泥用量。

（2）粗骨料应选用大粒径、连续多级配；选用中粗砂，优化混凝土中集料的级配设计。

（3）宜采用大掺量粉煤灰与矿粉混掺，选用高性能减水剂，充分发挥矿物掺合料和高效减水剂的迭加效应。

5.1.4.8　大体积混凝土施工工艺控制重点措施主要包括以下内容：

（1）混凝土布料施工，按规定厚度、顺序和方向浇筑，分层布料厚度应不大于30cm。

（2）混凝土拌和物的振捣，振捣棒应垂直插入，快插慢拔；振捣深度应进入下层混凝土的10~20cm，保证下层在初凝前再进行一次振捣。

（3）对工程中易开裂部位，如大面积的侧墙、十字梁板、倒角等，宜采取掺加纤维的措施，提高混凝土劈裂抗拉和抗折强度，改善混凝土抗开裂能力。

5.1.4.9　大体积混凝土温度控制措施主要包括以下内容：

（1）大体积混凝土拌和宜使用拌和水冷却系统，高温季节利用制冷机冷却拌和水，制取0~4℃冷水。

（2）胶凝材料宜放置冷却后使用，禁止使用刚出厂的新鲜水泥。

（3）利用气温较低时段施工。

（4）应加快运输和浇筑速度，减少混凝土在运输和浇筑过程中的温度回升。自卸汽车运输时车厢顶部应设置活动遮阳棚。

（5）避免模板和新浇筑混凝土受阳光直射，入模前的模板与钢筋温度以及附近的局部气温不超过36℃；仓面降温宜采取仓面喷雾机喷雾等措施，以降低浇筑面环境温度。

（6）通过埋设冷却水管，进行降温。冷却水管宜采用直径40mm、管壁厚2.5mm、具有一定强度、导热性能好的铁皮管制作，弯管部分采用冷弯工艺。

（7）冷却水管之间通过橡胶管紧密连接。冷却水管根据需要布设，水平、竖直间距控制不少于 0.8~1.0m,水管到混凝土表面或侧面的距离不小于 0.8m。

(8)冷却水应利用分水器(图 5.1.4-18)将各层各套水管集中分出,分水器应设置相应数量的独立水阀以控制各套水管冷却水流量;应设置一定数量的减压阀以控制后期通水速率。

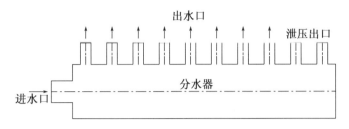

图 5.1.4-18 冷却水管分水器示意图

(9)混凝土浇筑前应进行加压通水试验,检查漏水、阻水等情况,对水管应采取保护措施,防止踩踏和碰砸。

(10)冷却水管停止循环水冷却并养护完成后,先用空压机将冷却水管内残余水压出并吹干,然后用压浆机向水管内压注高于混凝土强度的水泥浆,以封闭管路。

5.1.4.10 大体积混凝土约束条件改善措施主要包括以下内容:

(1)应减少上下层混凝土之间的浇筑间隔期。

(2)宜采用接浆层作为减缓外部约束的储备措施,在层间间隔期过长时实施。

(3)在空箱结构的十字梁板结构、廊道顶板、出口及拐弯处等部位,宜设置间距为150~200mm、直径 4~6mm 的钢筋防裂网片,使应力均匀分布,提高混凝土结构表层的抗拉能力。

5.2 闸首边墩

5.2.1 工艺简述

5.2.1.1 闸首边墩施工工艺分为一次浇筑工艺和分层浇筑工艺两种。一次浇筑工艺是指闸首边墩钢筋整体绑扎,内外模一次到顶,结构混凝土一次浇筑成型;分层浇筑工艺是指采用分层的内外模,设置水平施工缝,分层绑扎钢筋及浇筑混凝土,直至结构成型。

5.2.1.2 闸首边墩浇筑施工工艺对比见表 5.2.1。

表 5.2.1 闸首边墩浇筑施工工艺对比

工艺名称	特 点	适 用 条 件
一次浇筑	施工周期短,无施工缝	适用于空箱层数小于或等于 1 层,结构简单
分层浇筑	施工周期长,有利于结构混凝土温度控制	适用于空箱层数大于或等于 2 层,结构复杂

5.2.1.3 闸首边墩混凝土浇筑一般采用泵送法、吊罐法等入仓工艺。

5.2.1.4 本指南主要介绍泵送法一次浇筑闸首边墩施工工艺;闸首边墩结构形式见图 5.2.1。

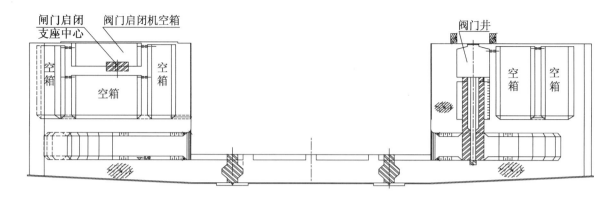

图 5.2.1 闸首边墩结构形式

5.2.2 工艺准备要点

5.2.2.1 边墩模板系统应编制专项施工方案,达到一定规模的危险性较大工程的标准应通过专家论证。

5.2.2.2 底板沉降位移满足结构稳定性要求。

5.2.2.3 闸首工程结构复杂、线形多变、门机电预埋件多,宜利用BIM技术进行校核、查漏。

5.2.3 工艺实施流程

闸首边墩支架法施工工艺实施流程见图5.2.3。

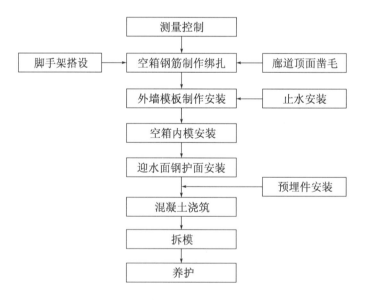

图 5.2.3 闸首边墩支架法施工工艺流程

5.2.4 工艺控制重点

5.2.4.1 测量控制重点主要包括以下内容:

(1)施工前应对廊道顶高程进行复测,校验沉降变化值,为边墩结构施工提供高程控制依据。

（2）二期混凝土施工前，应复核底坎、口门宽度与中线位置，根据复核结果确定顶底枢、推拉座、启闭机支座、阀门井等埋件位置。

（3）施工过程中应严格控制边墩结构垂直度，确保结构间相对尺寸准确。重点控制闸口及门库净宽。

5.2.4.2 脚手架搭设工艺控制重点主要包括以下内容：

（1）边墩搭设施工脚手架，见图5.2.4-1。

（2）搭设过程中应及时安装斜撑及剪刀撑。

（3）脚手架顶面应设置环形通道，并应设置上下爬梯通向各空箱结构。

（4）两侧边墩间应搭设人行天桥支架相互贯通，同时增强两侧脚手架稳定。

（5）脚手支架仅供施工人员作业使用，严禁作为结构施工时模板支撑。

（6）脚手架应与已施工完成的廊道形成连接。

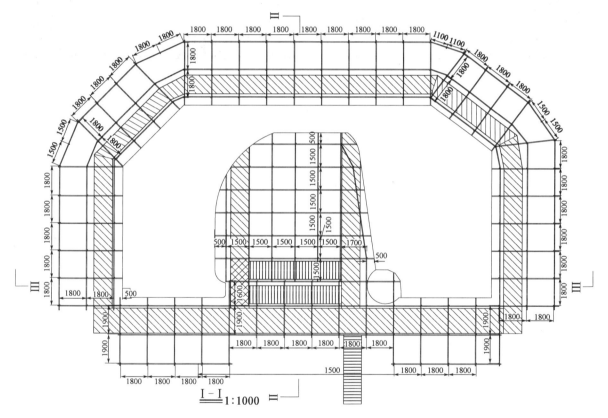

图5.2.4-1 脚手架平面布置示意图（尺寸单位：mm）

5.2.4.3 钢筋绑扎工艺控制重点主要包括以下内容：

（1）钢筋依次由下至上一次绑扎，宜设置骨架支撑，控制钢筋整体稳定性，确保钢筋保护层。

（2）钢筋骨架成型应采用定位架，准确定位主筋、分布筋和箍筋，从而保证钢筋间距。边墩空箱层钢筋绑扎安装见图5.2.4-2。

（3）边墩内各空箱结构形式复杂，施工时应增加架立筋和垫块数量。

（4）阀门井壁或异形截面薄弱处宜适当增加防裂钢筋，以防结构裂缝产生。

5.2.4.4 模板制作与安装工艺控制重点主要包括以下内容：

(1) 边墩外模宜采用大面钢模板。

(2) 模板拼缝采用骑缝处理与双面胶嵌缝相接缝，避免模板错牙及混凝土浇筑过程中漏浆。

(3) 拼装完成后调整垂直度，安装时重点控制边墩内空箱间隔板间距。空箱模板顶面均应预留人孔洞，见图5.2.4-3。

图 5.2.4-2　边墩空箱层钢筋绑扎安装　　　　图 5.2.4-3　空箱模板安装预留人孔洞

(4) 边墩模板安装施工前，应对廊道顶面进行切缝处理，切缝应水平，保证边墩与廊道间连接线形顺直。

(5) 边墩模板下端四周应利用廊道顶面一层拉条螺栓固定，防止新老混凝土间形成错牙。

(6) 边墩模板施工过程中，应检查电缆孔、泄水孔、油管槽、扑门等孔洞预埋和预留，防止漏埋并确保预埋位置准确。

(7) 顶枢、启闭机支座、阀门井二期混凝土的模板应根据设计图安装，为二期混凝土施工预留空间，模板宜采用收口网（免拆模板）制作。

5.2.4.5 钢板护面安装工艺控制重点主要包括以下内容：

(1) 钢板护面拉条螺栓孔应提前在场内采用机械规则开孔。

(2) 拉条螺栓孔修补应采用新圆形钢板补焊，表面磨平。

(3) 钢板护面拼接处应采用坡口焊接。

(4) 钢板加工背面应增加扁钢、型钢或加筋肋板，减少钢板护面的变形以及护面与混凝土的空鼓现象，见图5.2.4-4。

(5) 钢板护面拼接宜采用水平拼缝，减少钢板护面的竖向拼缝，以防船舶碰撞撕损钢板。

(6) 钢板护面现场焊接时，应对已完成结构成品表面覆盖保护，防止焊渣烫伤结构成品。

(7) 钢护面边缘或与混凝土交接处应向内侧折边嵌入或增加角钢锚固。

5.2.4.6 混凝土浇筑工艺控制重点主要包括以下内容：

(1) 混凝土浇筑应配备足够的混凝土拌和、运输及浇筑设备。

图 5.2.4-4 钢板护面采用扁钢锚固

(2)混凝土浇筑按照全面积水平分层连续浇筑,先浇筑廊道侧墙,然后浇筑廊道顶部,振捣人员分组分区段负责。

(3)混凝土布料采用串筒,防止混凝土离析;串筒应平衡、对称布置,间距为 3~5m。串筒布置见图 5.2.4-5。

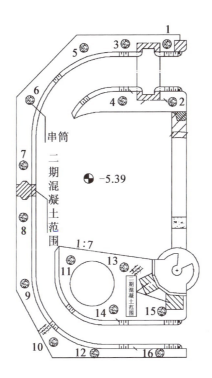

说明:每层布料顺序为 1-2-3-4-5-6-7-8-9-10-11-12-13-14-15-16。

图 5.2.4-5 串筒布置示意图

(4)混凝土浇筑前,用水冲洗混凝土结合面,并充分润湿,低洼地方用海绵吸干。

(5)混凝土浇筑过程中,应设置专人监测模板垂直度及拉条螺栓紧固情况。

(6)特殊季节时混凝土拌和物的主要原材料应采用加热或降温措施,以保证混凝土的入仓温度。

(7)浇筑完成后应对混凝土顶面收光压实。

(8) 混凝土浇筑过程中及时清理挂浆,防止污染模板和已施工完成的结构成品。

5.2.4.7 混凝土养护工艺控制重点主要包括以下内容:

(1) 高温季节应在顶部通长布设喷淋管、墙面覆盖土工布保湿养护,加强温度控制措施,混凝土结构体内外温差不得大于20℃;养护用水应符合饮用水标准或经净化处理,水温应与混凝土的温度相近。

(2) 低温季节应在钢模外侧敷贴保温材料,适当延长拆模时间,移模后墙面采用"喷涂养护剂+敷贴塑料薄膜+土工布覆盖"等方式保温。

5.3 闸室墙

5.3.1 工艺简述

5.3.1.1 闸室墙施工工艺根据模板形式不同,可分为移动模架法、翻模法和模板支架法。移动模架法是指使用龙门架固定、移动整体型钢模板,两侧闸墙同时施工对称浇筑;翻模法是指墙身竖向分层分块自下而上浇筑;模板支架法是指利用脚手支架作为施工平台,模板安装一次到顶。

5.3.1.2 闸室墙施工工艺对比见表5.3.1。

表5.3.1 闸室墙施工工艺对比

工艺名称	特　点	适用条件
移动模架法	钢模板一次成型,混凝土浇筑一次到顶,施工效率高	适用于闸墙高度小于15m,闸墙断面结构形状无变化
翻模法	施工工期长,施工缝较多,施工费用低	适用于闸墙高度大于15m,闸墙断面结构形状多变
模板支架法	施工工期长,费用高	适用于闸墙结构断面形状复杂,闸墙高度小于10m

5.3.1.3 本指南主要介绍整体式闸室墙的"移动模架法+泵送浇筑法"、分离式闸室墙的"翻模法+吊罐法"施工工艺。整体式闸室墙结构断面见图5.3.1-1,分离式闸室墙结构断面见图5.3.1-2。

图5.3.1-1 整体式闸室墙结构断面示意图

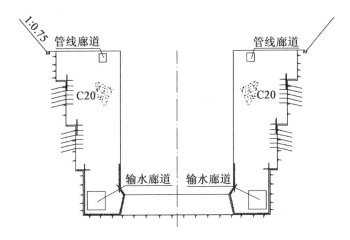

图 5.3.1-2 分离式闸室墙结构断面示意图

5.3.2 工艺准备要点

5.3.2.1 整体式结构闸室墙施工工艺准备要点如下：

（1）整体高大模板应有专项施工方案，并通过专家论证。

（2）移动模架使用前应通过验收。

5.3.2.2 分离式闸室墙施工工艺准备要点如下：

（1）施工脚手架应编制专项方案，达到一定规模的危险性较大工程的标准应通过专家论证。

（2）衬砌式闸墙锚杆施工完成，且经检验合格。

（3）施工前应按结构形式确定浇筑次序。

5.3.3 工艺实施流程

5.3.3.1 整体式闸室墙"移动模架法＋泵送浇筑法"施工工艺实施流程见图 5.3.3-1。

5.3.3.2 分离式闸室墙"翻模法＋吊罐法"施工工艺实施流程见图 5.3.3-2。

5.3.4 工艺控制重点

5.3.4.1 测量控制重点主要包括以下内容：

（1）闸室墙平面位置采用全站仪"测放坐标＋中线法"的双控。

（2）严格控制船闸墙身前沿线，不得前倾，保证船闸口门尺度。

5.3.4.2 钢筋绑扎工艺控制重点主要包括以下内容：

（1）闸墙钢筋应搭设辅助支架，闸墙前后钢筋网片间应设置水平、斜向支撑，形成钢筋稳定骨架。闸墙钢筋绑扎安装见图 5.3.4-1。

（2）放置钢筋保护层垫块，采用水平支撑固定两侧钢筋网片，保证垫块与模板贴合。保护层垫块安装见图 5.3.4-2。

（3）在闸墙结构底端向上 3~5m 范围内宜增加防裂钢筋网片，以减小闸墙混凝土约束裂缝。

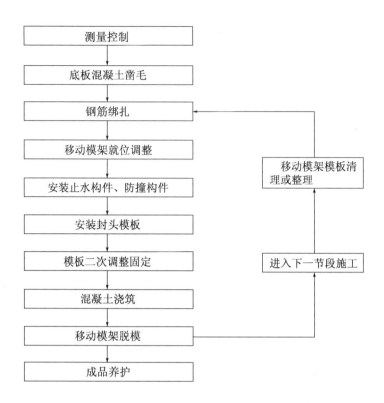

图 5.3.3-1　整体式闸墙"移动模架法 + 泵送浇筑法"施工工艺流程

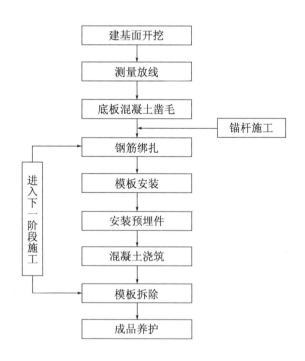

图 5.3.3-2　分离式闸墙施工工艺流程

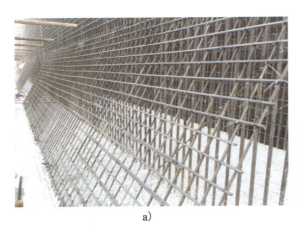
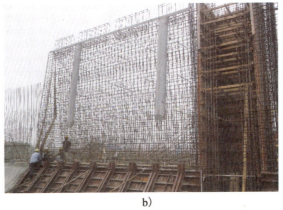

图 5.3.4-1　闸墙钢筋绑扎安装

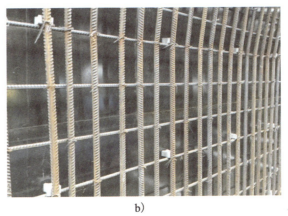

图 5.3.4-2　保护层垫块安装

5.3.4.3 整体式闸室墙模板工艺控制重点主要包括以下内容：

（1）移动模架包含支撑系统、行走系统、悬挂系统、模板系统。闸墙模板为整体钢模结构，面板宜采用 6mm 以上的酸洗板。闸室墙模板龙门支架见图 5.3.4-3。

图 5.3.4-3　闸室墙模板龙门支架

（2）闸室墙倒角模板采用整体定型钢模，宜加贴透水模板衬垫（模板布）。倒角模板粘贴透水模板布见图 5.3.4-4。

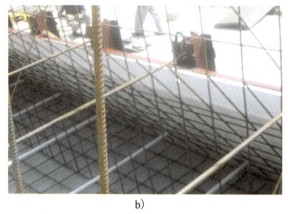

图 5.3.4-4 倒角模板粘贴透水模板布

(3)底板施工时,应根据闸墙模板设计预埋一定数量的地脚锚固螺栓,闸墙施工时底端模板与预埋螺栓连接锚固。地脚螺栓设置见图 5.3.4-5。

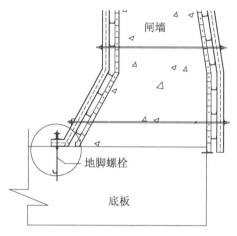

图 5.3.4-5 压脚螺栓设置示意图

(4)模板就位后,通过对拉螺栓以及龙门架上安装的横向支撑、螺旋顶托对模板整体线形进行调整。

(5)闸墙模板采用对拉螺栓锚固,螺栓与两侧模板交接处应设置橡胶圆台螺母。

(6)移动模架就位后,应安装斜撑临时稳固并龙门限位锁定。

(7)龙门支架每次移动模板前,应有专职安全人员和施工人员对龙门架及平车、牵引设备、模板吊点、起吊模板的钢丝绳和手拉葫芦进行安全检查,同时检测混凝土强度是否满足脱模要求。

(8)为保证闸室净宽,模板支立应根据规范要求预留后倾量。

5.3.4.4 分离式闸室墙模板工艺控制重点主要包括以下内容:

(1)分离式闸室墙宜采用大型钢模板,面板宜采用6mm以上的酸洗板,大型钢模板高度一般大于2m,见图 5.3.4-6。

图 5.3.4-6 闸墙翻模

(2)大型钢模模板应设有高空作业操作平台,操作平台应设置安全护栏。

(3)模板底部应设置止浆条,模板与已浇筑混凝土应贴实,防止底脚漏浆。

(4)次层模板安装前,应首先安装独立工作平台;独立工作平台采用预埋台型螺母进行固定。

(5)钢模板安装固定时,先水平安装在预埋好的台型螺母上,利用台型螺母与钢模板底部进行紧固。模板与工作平台安装与紧固见图5.3.4-7。

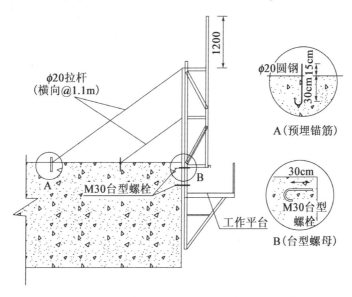

图5.3.4-7 模板与工作平台安装与紧固示意图(尺寸单位:mm)

5.3.4.5 整体式闸室墙浇筑工艺控制重点主要包括以下内容:

(1)闸室墙宜分两次进行浇筑,先进行底部倒角施工,再进行上部混凝土整体浇筑。

(2)浇筑前应确定闸室墙倒角与底板浇筑的间隔时长,合理控制施工节奏,避免应力集中,产生裂缝。

(3)闸墙浇筑宜采用两侧对称,同时水平分层布料,一次浇筑到顶。模板顶口在龙门支架下挂分料器或串筒,布料分层均匀浇筑上升,每层厚度控制在30cm以内。采用泵送法两侧对称浇筑,见图5.3.4-8。

(4)浇筑过程中应注意对闸室墙内各类预埋件的保护。

(5)混凝土浇筑过程中应及时处理混凝土表面泌水。

(6)混凝土浇筑至顶面时应清理浮浆,及时补料并进行二次振捣。

(7)闸墙结构空间较小处及钢筋密集区域(如倒角结构内),宜人工喂料并采用加长型振捣棒振捣密实。

5.3.4.6 分离衬砌式闸室墙浇筑工艺控制重点主要包括以下内容:

(1)闸室墙采用吊罐或泵送入仓工艺,吊罐法浇筑闸室墙见图5.3.4-9。

(2)在混凝土浇筑前,应确定浇筑方向、分层厚度、台阶宽度和振捣要求。

(3)在模板附近布料与振捣时应防止冲击模板,碰撞预埋锚筋。

(4)止水片和预埋件等部位,应由人工送料填满,严禁料罐或布料管直接下料。

图 5.3.4-8　泵送法浇筑闸室墙

图 5.3.4-9　吊罐法浇筑闸室墙

5.3.4.7 混凝土养护工艺控制重点主要包括以下内容：

（1）夏季在闸墙顶部通长布设喷淋管、墙面覆盖土工布保湿养护，加强温控措施，混凝土结构体内外温差不得大于20℃；养护水应符合饮用水标准或经净化处理，水温应与混凝土的温度相近。闸室墙成品养护见图5.3.4-10。

（2）冬季应在闸墙钢模外侧敷贴保温材料，适当延长拆模时间，拆模后墙面采用"喷涂养护剂＋敷贴塑料薄膜＋土工布覆盖"等方式保温保湿养护。

5.3.4.8 衬砌锚杆施工工艺控制重点主要包括以下内容：

（1）衬砌锚杆支护应随开挖逐级施工，分层、分段做到随开挖及时进行。

（2）衬砌锚杆施工其他要求参见本指南第3.2节边坡防护锚杆施工。

5.3.4.9 止水安装工艺控制重点主要包括以下内容：

（1）垂直止水沥青槽宜采用定型钢盒，安装时应与伸缩缝紧密贴合，安装前应对钢盒内杂物进行清理，沥青加热灌填，要使其在钢盒内自然流动填实。

（2）止水其他要求参见本指南第5.1.4.4款相关内容。

5.3.4.10 防撞构件安装工艺控制重点主要包括以下内容：

（1）钢护木采用螺栓与模板固定，钢板护面在胎架拼装焊接，采用围檩框架加固整体安装。

（2）钢板护面背面应加焊扁钢，以提高钢板护面的整体平整度及锚固性能。

（3）钢板护面拼装焊接宜采用"分段退焊法"进行拼接形成整体，见图5.3.4-11。

图 5.3.4-10　闸室墙成品养护

图 5.3.4-11　"分段退焊法"钢板护面焊接拼装

5.3.4.11 变形监测控制重点主要包括以下内容：

（1）变形监测网的网点，宜分为基准点、工作基点和变形观测点。基准点应选在变形影响区域之外稳固可靠的位置，应至少有 3 个基准点。

（2）水平位移基准点应采用带有强制归心装置的观测墩（图 5.3.4-12），垂直位移基准点宜采用双金属标或钢管标。

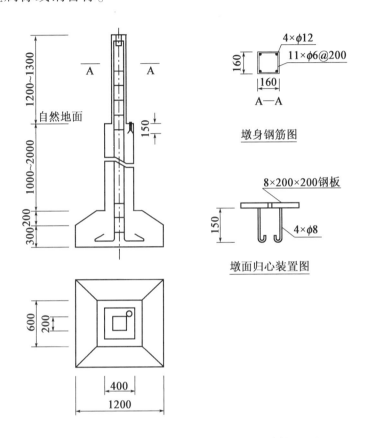

注：图中尺寸、型号仅供参考，可根据地质、地貌情况调整。

图 5.3.4-12 变形监测观测墩示意图（尺寸单位：mm）

（3）工作基点应选在比较稳定且方便使用的位置，宜采用带有强制归心装置的观测墩，垂直位移监测工作基点宜采用钢管标。

（4）变形观测点应设立在能反映监测体变形特征的位置或监测断面上，监测断面一般分为关键断面、重要断面和一般断面。根据监测计划，设置应力、应变传感器。变形观测点见图 5.3.4-13。

（5）监测基准网应由基准点和工作基点构成，监测基准网应每半年复测一次。

（6）变形监测网应由部分基准点、工作基点和变形观测点构成。监测周期应根据监测体的变形特征、变形速率、观测精度和工程地质条件等因素综合确定。

（7）每期观测后，应及时处理观测数据。当数据处理结果出现变形量达到预警值或接近允许值、变形量出现异常变化、建（构）筑物的裂缝或地表的裂缝快速扩大等情况之一时，应即刻采取相应措施。

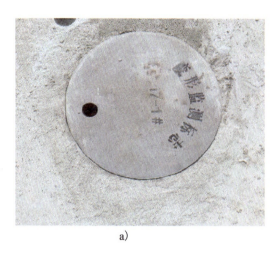 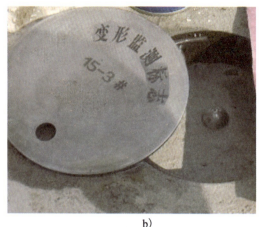

a)　　　　　　　　　　　　　　　　b)

图 5.3.4-13　变形监测点

5.4　输 水 廊 道

5.4.1　工艺简述

5.4.1.1　输水廊道施工按模板系统,可分为支架模板法和移动模架工艺。支架模板法是指利用钢管支架,拼装模板;移动模架法是指采用移动式整体钢模板。输水廊道宜对称施工,一次浇筑成型。

5.4.1.2　输水廊道施工工艺对比见表 5.4.1。

表 5.4.1　输水廊道施工工艺对比

工艺名称	特　　点	适　用　条　件
支架法	重复搭设钢管和拼装模板,施工周期长,工效低	适用于结构形式复杂的环形短廊道
移动模架法	龙门和模板一次性拼装完成,整体移动,工效高	适用于结构形式单一的分散式长(全长、半长)廊道

5.4.1.3　本指南主要介绍"支架法+泵送浇筑混凝土""移动模架法+泵送浇筑混凝土"两种工艺。短廊道结构断面见图 5.4.1-1,闸墙长廊道侧支孔结构断面见图 5.4.1-2。

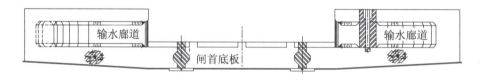

图 5.4.1-1　短廊道结构断面图

5.4.2　工艺准备要点

5.4.2.1　模板系统应有专项施工方案,达到一定规模的危险性较大工程的标准应通过专家论证。

5.4.2.2　底板沉降位移基本稳定。

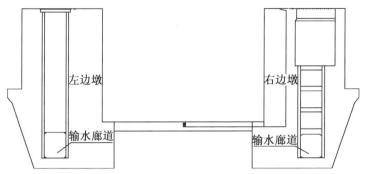

图 5.4.1-2　闸墙长廊道侧支孔结构断面图

5.4.3　工艺实施流程

5.4.3.1　支架法施工工艺实施流程见图 5.4.3-1。

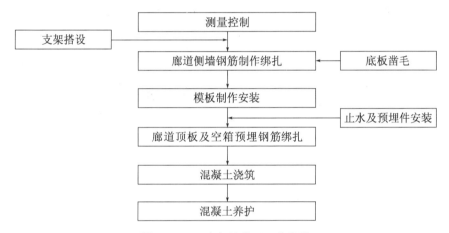

图 5.4.3-1　支架法施工工艺流程

5.4.3.2　移动模架法施工工艺实施流程见图 5.4.3-2。

图 5.4.3-2　移动模架法施工工艺流程

5.4.4 工艺控制重点

5.4.4.1 测量控制重点主要包括以下内容：

(1)廊道平面位置采用全站仪"测放坐标+中线法"进行双控。

(2)严格控制廊道顶高程,确保与空箱层连接的施工缝平整、顺直。

5.4.4.2 廊道钢筋绑扎工艺控制重点主要包括以下内容：

(1)采用三角板定位倒角顶点并逐件标识,对倒角局部不规整钢筋及时调整,调整后采用水平靠尺对倒角钢筋进行校验。倒角顶点钢筋定位校验见图 5.4.4-1,倒角钢筋斜面校验见图 5.4.4-2,倒角钢筋定位见图 5.4.4-3。

图 5.4.4-1 倒角顶点钢筋定位校验

图 5.4.4-2 倒角钢筋斜面校验

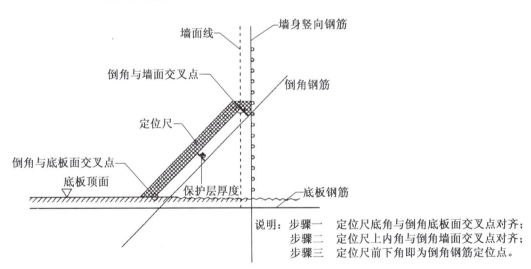
图 5.4.4-3 倒角钢筋定位示意图

(2)钢筋绑扎前应先对竖向预埋钢筋进行调整,再设置临时支撑固定。

(3)钢筋绑扎采用点位尺控制钢筋间距。

(4)宜在弧形段增设防裂钢筋网片。

5.4.4.3 廊道支架法模板制作与安装工艺控制重点主要包括以下内容：

(1)廊道定型模板应合理划分单块尺寸,避免大小块;异型模板应整体制作,提前预拼装,如廊道出水口上下倒角等。结构异型处定型钢模安装见图 5.4.4-4。

(2)根据底板中心线,复核迎水面模板位置,同时控制模板垂直度。

(3)倒角模板处应对底板混凝土进行找平。

(4)模板拼缝处应做骑缝处理。

(5)曲线段与直线段模板支撑应做好搭接过渡,防止错牙。廊道满堂支架见图5.4.4-5。

 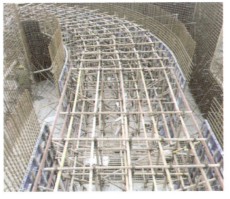

图5.4.4-4　结构异型处定型钢模安装　　　　图5.4.4-5　廊道满堂支架搭设

(6)廊道顶模衔接处增设立杆支撑,防止错牙(图5.4.4-6);异型模板单独下料拼装,底模拼装应减少拼缝数量;模板拼装完成后,应防止廊道顶板钢筋锈迹或油渍对模板表面造成污染影响混凝土外观。廊道顶板模板拼装见图5.4.4-7。

 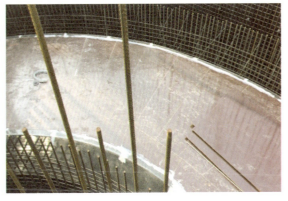

图5.4.4-6　顶模衔接处增设立杆支撑　　　　图5.4.4-7　廊道顶板底模拼装

(7)对拉螺栓应采用"埋入式拉条+台型螺母"。

5.4.4.4　廊道移动模架法模板制作与安装工艺控制重点主要包括以下内容:

(1)整体移动模架的骨架使用型钢框架,主要由支撑系统、行走系统、模板系统组成,全部由型钢焊接而成。

(2)移动模架模板利用横、竖向围檩加固形成整体。边侧模板在拼装完成后,悬挂于支架挑梁之上。顶部模板的中部设置两处调节模板(宜采用木模)。下倒角模板单独制作安装,与模架系统分开,两者间缝隙使用木条封闭。模架模板拼装见图5.4.4-8。

(3)移动模架顶模高程调整主要通过砂筒或顶丝自身高度进行调节,砂筒或顶丝支撑布置在模架立柱处。

(4)模架侧模调整使用螺旋顶托和手动葫芦调整;侧模调整到位以后,调紧对拉螺栓,完成模板安装。

图 5.4.4-8　模架模板拼装

（5）移动模架脱模，先拆除下倒角独立模板，为模架提供向下移动空间。

（6）拆除两侧模板的拉条螺栓和顶托，利用手拉葫芦拉紧两侧模板，使两侧模板与混凝土表面产生空隙。

（7）均匀降低顶丝自身高度，模架体系依靠自身重量下沉，顶部出现空隙，取出调节模板。

（8）使用手动葫芦将两侧模板向中间收紧，使两侧模板与混凝土表面留出约10cm的空间。

（9）继续降低顶丝高度，将模架落放至高度较低的滑轮上，完成脱模过程。移动模架脱模示意图见图5.4.4-9。

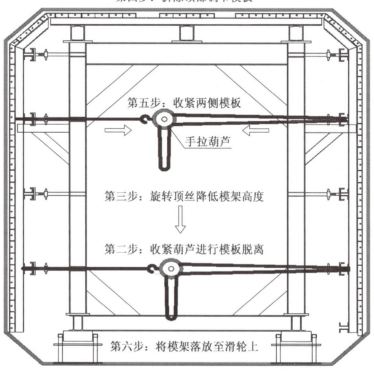

图 5.4.4-9　移动模架脱模示意图

（10）移动模架底部设有两道表面平整的纵梁作为移动轨道，模架移动过程中，模架导梁放于滑轮上,滑轮固定平放,通过牵引模架进行移动,见图5.4.4-10。

图5.4.4-10 移动模架整体移动

(11)滑轮放置左右对称,纵向间距不宜过大。模架移动时越过一组滑轮后,将本组滑轮搬运至前方导轨下方位置,重复此过程直到模架到位。

(12)模架的牵引宜使用手动葫芦、卷扬机等,牵引速度必须缓慢。

(13)牵引绳索应设置在模架底座的中心,以便于牵引时两边保持平衡。

5.4.4.5 混凝土浇筑工艺控制重点主要包括以下内容:

(1)廊道浇筑采用两侧对称,水平分层布料,一次浇筑到顶。

(2)浇筑过程中应及时清理模板溅浆,防止拆模后混凝土表面出现麻点影响外观。

(3)混凝土浇筑过程中应及时清理表面泌水。

(4)特殊季节混凝土拌和时,应对原材料采用加热或降温的措施,以保证混凝土的入仓温度。

(5)廊道墙体狭窄,拉条螺栓密集,布料应避让拉条螺栓,防止混凝土冲击对模板及拉条螺栓稳定性造成影响。

(6)倒角处应人工喂料,模板渗水漏浆处要及时封堵后复振,以防发生烂根现象。拆模后的廊道见图5.4.4-11。

图5.4.4-11 拆模后的廊道

5.4.4.6 混凝土养护工艺控制重点主要包括以下内容:

(1)夏季在廊道顶面和侧面覆盖土工布保湿养护,廊道内封闭保湿养护。

(2)冬季延长拆模时间,廊道顶面和侧面及廊道内封闭保温保湿。

6 导航墙和靠船墩

6.0.1 工艺简述

6.0.1.1 靠船墩主要分为重力式和桩柱式两种。重力式靠船墩是指底板基础或底板加小木桩碎石基础,上部结构为现浇墩身;桩柱式靠船墩是指灌注桩基础,上部结构为现浇墩身。

6.0.1.2 导航墙主要分为重力式和排桩式两种。重力式导航墙是指底板基础或底板加小木桩碎石基础,上部结构为现浇墙身;排桩式导航墙是指前后连排灌注桩基础,桩顶上部结构为混凝土锚定结构。

6.0.1.3 重力式靠船墩及导航墙按模板工艺可分为龙门吊移动模架法和卷扬整体牵引移动模架法。

6.0.1.4 本指南主要介绍"整体移动模板+泵送浇筑法"的重力式靠船墩(素混凝土结构)施工工艺。

6.0.2 工艺准备要点

6.0.2.1 基坑降、排水已满足要求(一般要求降至基坑底面50cm以下)。

6.0.2.2 底板沉降位移与基坑边坡位移满足结构稳定性要求,且边坡防护已完成。

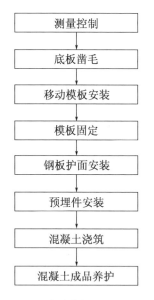

图6.0.3 重力式靠船墩施工工艺流程

6.0.3 工艺实施流程

重力式靠船墩施工工艺实施流程见图6.0.3。

6.0.4 工艺控制重点

6.0.4.1 测量控制重点主要包括以下内容:

(1)利用临时水准点对墩身模板四角高程进行控制,定期对模板中间部位进行监控测量,防止模板周转使用次数过多而产生变形。

(2)墩身模板施工前,应使用经纬仪或全站仪在基础上放出靠船墩轴线,在混凝土底板上弹出墩身底部的前后边线,作为模板底部控制线,上部轴线控制宜在墩身前口模板前后轴线位置各焊接一根直径10mm的钢筋,然后使用经纬仪后照准调整模板位置。

6.0.4.2 模板制作工艺控制重点主要包括以下内容:

(1)模板面板材料应选择不小于4mm厚的钢板,保证面板不变形。

(2)对斜面坡度较大的墩身,斜面侧宜采用透水模板,以减少斜面气泡和提高观感质量。重力式靠船墩钢模板常规结构形式见图6.0.4-1。

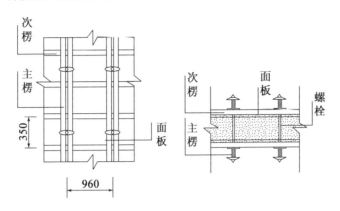

图6.0.4-1 重力式靠船墩模板设计示意图(尺寸单位:mm)

6.0.4.3 整体移动模板安装工艺控制重点主要包括以下内容:

(1)模板设计为卷扬式整体移动模板(图6.0.4-2、图6.0.4-3)。为移动模板方便,在前后面板下部各安装两个底部带导向滚轮的千斤顶(行程和吨位满足施工要求)。

(2)混凝土底板浇筑时,底板顶面预埋拉环钢筋,用以后期墩身模板的固定,预埋钢筋宜选用直径14mm以上的圆钢。

(3)每个竖向龙骨下部宜采用一个圆钢与底板预埋的锚扣连接,避免浇筑时产生浮模。模板上口两侧宜各设置一宽50cm的作业平台。

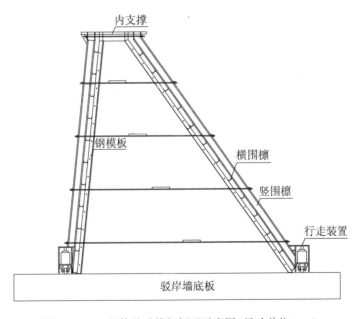

图6.0.4-2 整体移动模架侧面示意图(尺寸单位:mm)

6.0.4.4 整体移动模板移动工艺控制重点主要包括以下内容:

(1)利用卷扬机缓缓移动模板,移动速率≤3mm/s,匀速前进,不得过快,移动过程中密切注意模板与混凝土的结合面,防止损坏墙面。

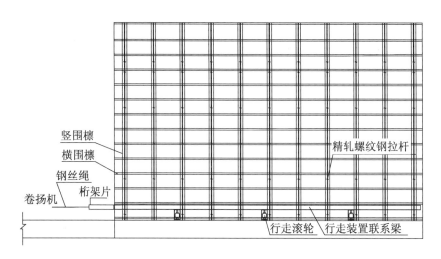

图 6.0.4-3 卷扬式整体移动模架示意图

(2)移动后,应及时清洁模板,均匀涂刷隔离剂。

6.0.4.5 钢板护面安装工艺控制重点参见本指南第 5.3.4.10 款相关内容。

6.0.4.6 预埋件安装工艺控制重点主要包括以下内容:

(1)系船柱预埋螺栓位置及方向应采用定位框架就位,确保与系船柱螺栓孔位置及方向相对应。

(2)系船柱预埋螺栓应顺直,埋入结构深度应满足锚固要求。

(3)系船柱及系船钩螺栓螺牙段应保证外露长度,并应包裹保护防止污染影响构件安装。

(4)系船钩应采用钢盒预埋,预埋盒与模板连接牢固,预埋盒尺寸宜比设计尺寸略大,且预埋盒平面位置及螺栓开孔位置定位准确。

6.0.4.7 混凝土浇筑工艺控制重点主要包括以下内容:

(1)浇筑前应确定混凝土浇筑分层厚度、方向、顺序,分层厚度不应超过50cm。

(2)高温季节浇筑混凝土时应采取相应降温措施,参见本指南第 5.1.4.7～5.1.4.10 款相关内容。

(3)施工时应控制浇筑速度,尤其是冬季施工,防止浇筑过快导致模板上浮和模板整体垮塌。

6.0.4.8 混凝土养护工艺控制重点主要包括以下内容:

(1)夏季应在墩身顶面和侧面采用覆盖土工布保湿养护。

(2)冬季应延长拆模时间,墩身顶面和侧面保温保湿养护。采取土工布覆盖保温措施养护。

7 墙后工程

7.0.1 工艺简述

7.0.1.1 墙后工程主要包括回填土、倒滤结构或墙后排水软管敷设、检查井等。

7.0.1.2 回填土施工工艺分为墙后分层对称填筑、采用挖掘机翻填、推土机平整、压路机压实。

7.0.1.3 倒滤结构施工工艺分为回填土反开挖,人工铺设透水土工布、碎石垫层及纵横向排水管,倒滤结构完成后顶面土方回填覆盖。

7.0.1.4 检查井施工工艺为随土方回填施工高度逐节安装混凝土预制管至墙后填土顶面。

7.0.2 工艺准备要点

7.0.2.1 隐蔽工程结构物验收合格,结构物沉降位移观测值满足设计要求。

7.0.2.2 拉杆螺栓孔已修补密封,结构物防水施工已完成。

7.0.2.3 墙后降水井管已接高至待回填层高程顶不小于1m。

7.0.2.4 墙后基槽内杂物和积水已清理。随土方回填高度相应设置该层拦水槽,防止地面水流入回填区域。墙后回填防积水措施见图7.0.2。

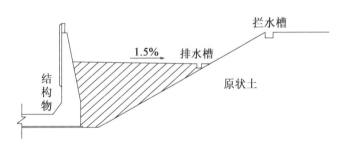

图7.0.2 墙后回填防积水措施示意图

7.0.2.5 闸墙顶面位移观测点已布置并已采集土方回填前初始数值。

7.0.3 工艺实施流程

墙后附属工程施工工艺实施流程见图7.0.3。

7.0.4 工艺控制重点

7.0.4.1 结构物墙后处理及防水工艺控制重点主要包括以下内容:

(1)埋入式拉条螺栓孔预先拆除圆台螺母,后切割外露端螺栓,采用防渗砂浆填充修补。

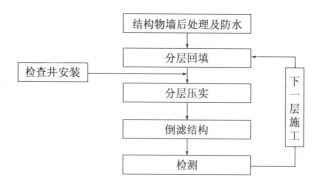

图 7.0.3 墙后工程施工工艺流程

(2)将抽离式拉条螺栓孔 PVC 管剔除 10cm,孔内采用膨胀砂浆填充密实至孔口 5～10cm,再采用橡胶塞密封孔口,表面砂浆填充抹面。

(3)拉杆孔修补完成后,结构物墙后按设计要求做防水处理。

7.0.4.2 土方回填工艺控制重点主要包括以下内容:

(1)根据试验段设计要求,选择标准松铺系数、机械设备选型、碾压遍数等,确定工艺标准。回填土压实标准,应通过标准试验确定。

(2)回填施工,应在建筑物强度达到设计强度的 70% 以上时方可进行,同时应对建筑物沉降位移进行观测。

(3)碾压机械应顺墙后行走,不得垂直于墙身方向行走,回填采用挖掘机取土,小型自卸车运输,推土机摊平,压路机分层重叠碾压;墙后 2m 范围内回填土的铺土厚度宜为 150～200mm,采用小型压实机具夯(蛙式打夯机、平板振动器、小型手扶式压路机)或人工夯实,且压实度应满足设计要求,不得漏夯。墙后土方回填见图 7.0.4-1,立式蛙式打夯机见图 7.0.4-2。

图 7.0.4-1 墙后工程土方回填　　　　图 7.0.4-2 立式蛙式打夯机

(4)回填过程中机械施工时应注意避让井管,防止碰撞。

(5)合理安排回填顺序,闸室两侧应对称均匀回填,同一闸室两侧回填土高差不得超过 1m;控制回填速率,每天回填不得超过 1m;回填后及时进行压实试验检测。

(6)施工过程中做到对闸墙的成品保护,做好沉降位移观测并留有记录,特别要加强对分块施工缝的监测,每日数据进行汇总和分析,确定土方回填后结构位移的变化量和位移曲线,确保结构安全。

(7)基坑降水井管随土方回填高度增加而逐节加高。井管高于回填面不小于1m。井管安装顶高控制见图7.0.4-3。

(8)冬季施工时,回填占线不应过长,不得采用冻土回填。

7.0.4.3 倒滤结构施工工艺控制重点主要包括以下内容:

(1)墙后倒滤结构应采用反开挖施工,采用小型夯实机械对倒滤结构基底夯实,若发现软弱土层,应进行换填处理。

(2)土工布铺设应平整顺直,与沟槽开挖面贴合。

(3)纵横向管道接头处采用厂家专用接头,并用土工布包裹、铁丝绑扎,沿航道方向每隔4m在墙体内钻孔插入钢筋挂钩,纵向软管悬挂固定与墙体顺直。倒滤结构施工见图7.0.4-4。

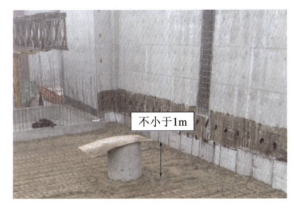
图7.0.4-3 井管安装顶高控制

图7.0.4-4 倒滤结构施工

(4)施工完成土方回填覆盖时机械应注意避让,以防破坏倒滤结构。倒滤结构位置土方采用夯实机人工夯实。

(5)软管与检查井交接处应密封处理,防止漏土。

(6)倒滤结构高程设置应考虑土体沉降,土体沉降后倒滤结构高程略高于出水口高程。

7.0.4.4 检查井安装工艺控制重点主要包括以下内容:

(1)检查井管随回填土高度上升逐节安装,安装高度应比土方待填筑高程高1m,以防止土方掉入井内影响降水效果。

(2)安装应检查井管套接情况,控制井管垂直度顺直。

(3)井管每节连接处应坐浆或砂浆勾缝后采用双层土工布包裹,防止漏土。

(4)井管周围应对称回填,防止单侧回填造成井管倾斜。

(5)井管上下节连接处应采取措施,防止井管受外部挤压造成脱槽错台。

(6)井管安装后应及时覆盖管顶,并设安全警示标志,防止人员和杂物坠入。

(7)井顶四周现浇混凝土待土方沉降稳定后再行实施。

8 金属结构安装

8.0.1 船闸金属结构主要有工作闸门、工作阀门、检修闸门、检修阀门、浮式系船柱、拦污栅等。

8.0.2 工作闸门型式主要有人字闸门、三角闸门、横拉闸门、平面闸门等;工作阀门型式主要有平面阀门和反向弧形阀门;检修闸门型式主要有浮式检修闸门、叠梁式检修闸门、平面检修闸门等;检修阀门型式主要有平面检修阀门。部分门型见图8.0.2-1～图8.0.2-4。

图8.0.2-1 人字闸门

图8.0.2-2 三角闸门

图8.0.2-3 反向弧形阀门

图8.0.2-4 叠梁式检修闸门

8.1 工作闸门安装

8.1.1 工艺简述

8.1.1.1 人字闸门、三角闸门、横拉闸门、平面闸门的主要特点及适用条件见表8.1.1。

表 8.1.1　工作闸门主要特点及适用条件

门　型	特　点	适　用　条　件
人字闸门	在关门时,两扇门形成三铰拱承受水压力。门体结构简单,启闭力小,安装难度一般	适用于承受单向水头作用,在静水头条件下开关闸门
三角闸门	当关闭时,作用于门上的水压力合力通过旋转轴。门体为空间结构,启闭力小,安装难度大	适用于承受双向水头作用,在动水头条件下开关闸门
横拉闸门	关门时,才能形成挡水。门体为空间结构,启闭力小,安装难度大	适用于承受双向水头作用,在静水头条件下开关闸门
平面闸门	结构简单,安装、检修方便,启闭力大,用于不常开启的船闸闸门	适用于承受双向水头作用,在动水头条件下开关闸门

8.1.1.2 本指南主要介绍人字闸门安装工艺。

8.1.2　工艺准备要点

8.1.2.1 闸首已完成施工,墙后回填到位,具备安装闸门的条件。

8.1.2.2 闸门门体、预埋件、运转件通过出厂验收和交接验收。

8.1.2.3 闸门安装前应有专项施工方案,达到一定规模的危险性较大工程的标准应通过专家论证。

8.1.2.4 清除门槽内杂质、积水,用于门体拼装、调整、支撑、固定的预埋件应与闸首的一期混凝土同步埋设。

8.1.2.5 复测土建施工单位提供的闸室中心线和高程控制点。

8.1.3　工艺实施流程

人字闸门安装施工工艺实施流程见图 8.1.3。

8.1.4　工艺控制重点

8.1.4.1 放安装控制样线要点主要包括以下内容:

(1)依据土建施工单位提供的闸室中心线和高程控制点,采用精密仪器放出安装所需的控制点、线,并做上标记,见图 8.1.4-1。

(2)将旋转中心点引至闸首上空三角固定支架上(将底枢中心引到顶枢的中心线架上,可通过挂垂球定点的办法引出,并加以保护),各尺寸应反复校核。

(3)以旋转中心为基准,用精密仪器复测出支承中心线,作为枕垫块安装的平面控制线。

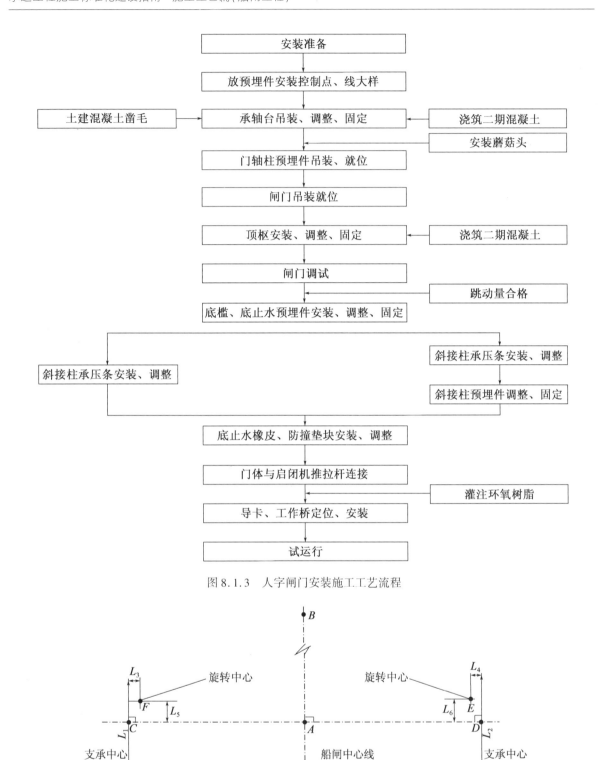

图 8.1.3 人字闸门安装施工工艺流程

图 8.1.4-1 安装控制点、线放样

8.1.4.2 承轴台安装工艺控制重点主要包括以下内容：

（1）采用角钢搭设支架，依据放样线（点），将角钢支架顶面找平，调整顶面高程略低于设计高程。

（2）将承轴台吊装在角钢支架顶面，通过调整螺栓进行调整；调整合格后，将承轴台的加固钢筋及角钢与闸首底板钢筋焊牢。各部位调整验收合格后,浇筑二期混凝土,并对破坏的底板钢筋进行加强恢复。承轴台安装见图8.1.4-2。

(3)当承轴台的二期混凝土达到设计强度后,再安装蘑菇头。蘑菇头安装检查见图8.1.4-3。

图8.1.4-2 承轴台安装

图8.1.4-3 蘑菇头安装检查

8.1.4.3 闸门吊装(分段拼装的闸门)工艺控制重点主要包括以下内容:

(1)门体须在工厂平台上按分段要求进行整体制作、预留分段缝,设节间定位装置。

(2)闸门采用竖立拼装,先下部结构后上部结构,所有结构应通过支撑或连接保持稳定、安全。

(3)在完成安装基准点设置和检测相关预埋件的准确性后,引放出安装所需的测量控制点、线,放出门体坐落的轮廓线、下支墩的高程线等,在门轴线下搭设临时支承平台。

(4)将安装有底枢支承座的底片门叶吊至蘑菇头上方,使支承座蘑菇头轴衬中心正对蘑菇头中心上部,微调至两中心重合达到要求,将蘑菇头轴衬落在蘑菇头上。

(5)将第2片门叶缓慢吊至叠放在底片门叶上,调整至上下垂直为止;其他片门叶依此类推;顶片吊装完成后,采用临时固定,用垂线检查门体两顶端面板与门体底部两侧面板是否在同一垂直面上,符合要求后再进行焊接。

(6)顶片门叶定位后,采用仪器检查垂直度及其构件位置,检测闸门各形位尺寸,调整合格后,通过由中心引出的样点,找出门上的顶枢中心点,通过调节千斤顶高度来调整门体的顶、底枢中心基本处于同一垂直轴线上,门体顶、底枢支座轴孔的同轴度偏差不超过0.5mm。

(7)在门叶焊接前,将焊缝坡口及其附近25mm范围内的水迹、油垢、铁锈、熔渣、油漆等杂物清除干净。

8.1.4.4 闸门吊装(整体制作的闸门)工艺控制重点主要包括以下内容:

(1)将闸门吊至站立状态,用经纬仪进行找平,加支撑、定位,撤除钢丝绳卸扣。

(2)在门体初步调整就位后,将门体平移到蘑菇头上部,使支承座蘑菇头轴衬中心正对蘑菇头中心上部,微调至两中心重合达到要求。

(3)落门前,应检查支承座上加油孔是否通畅,将蘑菇头表面擦干净,涂抹润滑油。然后将门体顶高,抽掉支撑铁凳,慢慢松油顶,将蘑菇头轴衬落在蘑菇头上,落门完成。

（4）落门完成后，通过由底枢中心引出的样点，找出门上的顶枢中心点，使门体顶、底枢支座轴孔的同轴度偏差不超过 0.5mm。

8.1.4.5 顶枢安装工艺控制重点主要包括以下内容：

（1）根据旋转中心和顶枢 A、B 拉杆座板预埋件的平面控制网，测放出顶枢旋转中心；以左右旋转中心，放出安装预埋件所需的控制点、线。

（2）吊装顶枢拉杆与支座相连，调整位置和尺寸，通过轴心穿线，吊坠粗调门轴中心线，使顶枢中心与底枢蘑菇头中心保持在同一铅垂线上。顶枢拉杆座板安装完毕后，可进行二期混凝土浇筑。

8.1.4.6 闸门调试工作要点主要包括以下内容：

（1）当混凝土强度达到要求后，用人工推动闸门运行，要求闸门运行平稳，无抖动、异常响声，闸门能开关到位。

（2）在基本等高处架设水准仪，分别观测闸门的水平跳动量，直到闸门水平跳动量达到规范要求为止。

8.1.4.7 底止水、底槛预埋件安装工艺控制重点主要包括以下内容：

（1）在关门位置时，对闸门底槛预埋件安装边线进行放样，开门进行底槛预埋件的安装，调整后进行加固。

（2）底槛二期混凝土浇完后，进行底止水橡皮的安装，将门叶转至关闭位置，调整底止水间隙满足要求。

8.1.4.8 中缝（斜接柱）、边缝（门轴柱）总成安装工艺控制重点主要包括以下内容：

（1）斜接柱预埋件应在门体安装前，放入埋置位置初调固定。

（2）以设计尺寸来确定关门位置，关门位置确定后，封门；然后进行斜接柱、门轴柱总成的定位安装。

（3）以放出的中缝承压条边线和中点的样点，作为中缝承压条安装的基准，承压条底部高程按设计值控制。

（4）先将门轴柱承压条安装调直，控制好垂直度；以门轴柱上承压条为枕垫块预埋件安装的基准。

（5）枕垫座安装应控制好垂直度和水平度，调整垂直度与水平度达到规范要求后才能进行固定。

8.1.4.9 导卡、限位块、工作桥安装工艺控制重点主要包括以下内容：

（1）在闸门关门位置，定位安装闸门导卡，闸门上的螺孔待导卡调整好后与支座配钻，定位安装闸门限位块橡皮。

（2）在闸门关门位置，放出工作桥安装位置大样，调整好工作桥在中缝处和与闸首的关系。

8.1.4.10 启闭机与门体连接、试运行工作要点主要包括以下内容：

（1）闸门中缝、边缝、底止水安装调整结束后，连接启闭机推拉杆与门上推拉座，实现闸门试运行。

（2）检查闸门运转件、启闭机推拉杆连接处有无响声及其他异常现象。在闸门运行过程中,应检查中缝、边缝及底止水的止水间隙和门体的运行情况。

(3)人字闸门安装完成后在船闸充水前,应做无水调试,验收合格后,方可进行环氧树脂的灌注。

8.2 工作阀门安装

8.2.1 工艺简述

8.2.1.1 工作阀门主要分为平面阀门和反向弧形阀门。

8.2.1.2 平面阀门和反向弧形阀门的主要特点及适用条件见表8.2.1。

表8.2.1 工作阀门主要特点及适用条件

门型	特点	适用条件
平面阀门	门叶结构简单,体积较小,制造、安装、检修方便;在水头较大时门楣、门槽、门后段廊道易产生空化现象,并引起阀门振动	适用于中、低水头船闸
反向弧形阀门	采用弧形面板,面板凸面面向下游,门井处于上游水位,无门槽,启门力小,结构坚固,水流平顺,不易产生空化和振动	适用于中、高水头船闸

8.2.2 工艺准备要点

8.2.2.1 船闸闸首施工完成,具备阀门安装的条件。

8.2.2.2 阀门、预埋件、运转件通过出厂验收和交接验收。

8.2.2.3 阀门安装前应有专项施工方案,达到一定规模的危险性较大工程的标准应通过专家论证。

8.2.3 工艺实施流程

8.2.3.1 平面阀门安装施工工艺实施流程见图8.2.3-1。

8.2.3.2 反向弧形阀门安装施工工艺实施流程见图8.2.3-2。

8.2.4 工艺控制重点

8.2.4.1 平面阀门安装工艺控制重点主要包括以下内容:

(1)放安装控制样线要点如下:

①复测土建施工单位提供的闸室中心线和高程控制点。

②依据基准线和基准点,测放安装控制大样点、线,见图8.2.4。

(2)底槛安装工艺要点如下:

①依据船闸中心线,引出阀门廊道中心线,即底槛纵向中心线,门槽中心线为底槛横向中心线,并做好样点。

②将底槛预埋件吊入槽内,底槛安装高程应略高于现有混凝土高程。

(3)主、反、侧轨及门楣的预埋件安装工艺要点如下:

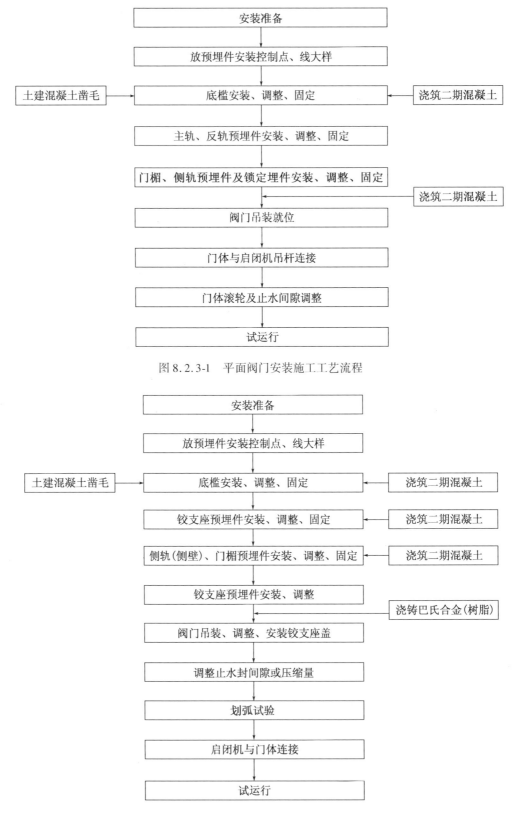

图 8.2.3-1 平面阀门安装施工工艺流程

图 8.2.3-2 反向弧形阀门安装施工工艺流程

①依据轨道、门楣放样的安装控制点和线,对预埋件钢筋进行调整,轨道背后的主筋可暂时不进行电焊加固。

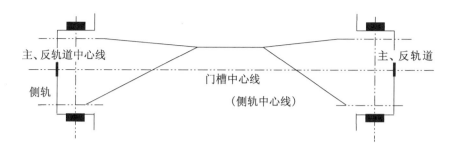

图 8.2.4 安装控制大样线

②根据主、反、侧轨道中心线和安装边线,先将阀门槽口底部找平,在上面做好样点,反轨安装位置在下游侧;再将底节轨道安装好,控制好轨道的垂直度。

③搭焊靠山和搭设脚手架,按标识进行预埋件吊装就位,控制好门槽止水面尺寸及轨道预埋件的直线度。

(4)阀门安装工艺要点如下:

①安装前,将门槽内清理干净,检测门槽尺寸,检查门槽的底坎、主轨、反轨的尺寸及位置。

②阀门吊入孔口后,应始终处于垂直状态,慢慢下降至底槛上,在阀门处于自由状态下,进行相关尺寸检查。

③阀门的四个滚轮均与轨道镶面板留有一定间隙,在开关过程中,检查滚轮的滚动情况,运行状态应平稳、无明显跳动。

④阀门安装完毕,应在无水情况下进行全行程启闭试验;用透光法检查止水密封情况,顶、底止水橡皮与预埋件应接触严密,侧止水橡皮按图纸要求留有间隙;检查主、侧滚轮运行情况。

8.2.4.2 反向弧形阀门安装工艺控制重点主要包括以下内容:

(1)放安装控制样线要点如下:

①复测土建施工单位提供的闸室中心线和高程控制点,依据基准点、线,测放安装控制点、线大样。

②在预埋件安装前,对铰支座中心高程、侧门轨对孔口中心线的中心距离及铰支座同轴度进行测量、放样、校验;在预埋件的部位,埋设可调式内支撑加固件及插筋,并浇筑一定量的混凝土。

(2)预埋件安装工艺要点如下:

①反向弧形阀门的铰支座应与铰支座预埋件进行预装配,铰支座和铰支座钢梁的螺孔应配钻,符合要求后再进行安装。

②以支铰轴心为基准放样,确定埋件及螺栓的相对位置,测量确立三维度位置并加固焊牢;校核两铰轴中心线同轴度,加固焊牢,浇筑二期混凝土。

③以事先放好的高程为基准,控制底槛中心线高程及工作面的平整度;当底槛预埋件的位置基本调整好后,用特制斜铁块和仪器分别调整底槛工作面的倾斜度,复测、加固焊牢,浇筑二期混凝土。

④将侧轨(侧壁)吊入槽内安装,侧轨(侧壁)一部分与底槛对接,以铰支座中心为圆

点,测放出 R 弧控制点。根据侧轨(侧壁)分节情况,在门槽内放出控制侧轨(侧壁)工作面标记点,安装调整就位,加固焊牢,浇筑二期混凝土。

⑤门楣预埋件安装,调整侧壁工作面的垂直度和曲率半径,并在侧壁止水线上作标记,检查曲率半径满足要求后进行加固。

⑥反向弧形阀门的液压启闭机推拉杆中心线应与导槽中心线孔口中心重合。底槛、铰支座预埋件安装、调整定位后,加筋固定,在专用平台上浇筑二期混凝土。

(3)门体安装工艺要点如下:

①侧止水座板二期混凝土浇筑完毕,将反向弧形阀门吊入,按设计及相关技术规范要求进行调整就位进行保护后,闸首上部土建混凝土可继续向上浇筑。

②反向弧形阀门吊装前,应进行门体两侧止水橡皮的配孔预装,安装轴瓦,将轴承组件安装在铰支轴上。

③在门体吊入安装部位后,先安装支铰座,调整后,测量左右闸墙上的支铰同心度符合要求,再浇铸巴氏合金或环氧填料,并检查左右铰座中心孔同轴度符合设计要求后,才允许将反向弧形阀门与支铰座连接。

④两边侧止水橡皮均在闸门就位后安装,侧轮安装最后将门体升起处于非工作段进行安装。顶止水橡皮安装,将阀门处于工作位置,实测门叶面板、止水座面板与门楣止水面之间的距离,并据此值钻孔安装顶止水橡皮,压缩量应满足要求。

⑤侧止水橡皮安装前,拆除活动导轨将门提到全开位置,自下至上采取逐步安装下放门体的方法。安装顶、底止水时,阀门处于关门位置。

(4)划弧试验要点如下:

①门叶的划弧试验采用卷扬机、滑车组等进行操作。

②检验弧门运行轨迹,以及支铰转动是否灵活,最终确定门槽的安装位置。试验合格后,再与液压启闭机活塞杆进行连接。

(5)与启闭机连接调试要点如下:

①在阀门无水运行过程中,检查导向架滚轮、支铰轴等运转件的运转及左右两侧阀门同步、运行、止水橡皮破损情况。

②在阀门全关后,用灯光或其他方法检查止水橡胶的压缩度或用塞尺检查止水的间隙。

9 机电设备安装

9.1 启闭机设备安装

9.1.1 工艺简述

9.1.1.1 启闭机设备是指主要用来驱动船闸工作闸门和工作阀门的动力设备。

9.1.1.2 启闭机设备安装主要包括船闸液压启闭机、机械启闭机设备的安装、调试等工作。

9.1.1.3 本指南主要介绍船闸液压启闭机设备的安装调试。

9.1.2 工艺准备要点

9.1.2.1 液压启闭机的油缸总成、泵站总成已完成出厂试验。

9.1.2.2 已编制完成安装施工方案。

9.1.2.3 检查一期预埋件插筋、坑槽形体尺寸与设计图纸是否相符,对预留二期混凝土坑槽表面进行凿毛。

9.1.2.4 复测土建施工单位提供的闸、阀门启闭机支座及埋件安装坐标中心线和高程控制线,见图9.1.2-1、图9.1.2-2。

图9.1.2-1 复测控制点

图9.1.2-2 闸门油缸支座中心放样

9.1.3 工艺实施流程

液压启闭机安装施工工艺实施流程见图9.1.3。

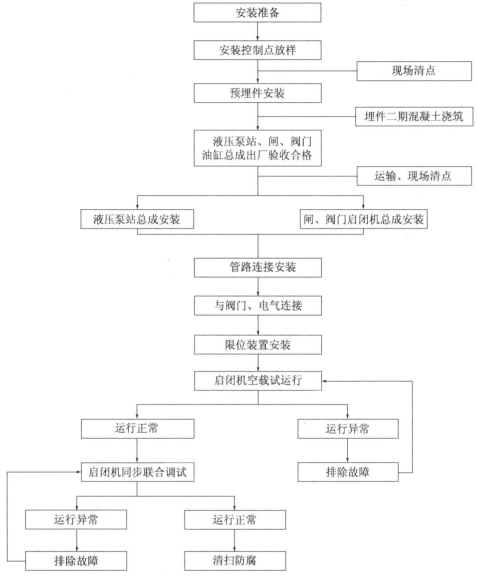

图9.1.3 液压启闭机安装施工工艺流程

9.1.4 工艺控制重点

9.1.4.1 预埋件安装工艺控制重点主要包括以下内容：

(1) 预埋件安装前，测量人员应根据闸门支座中心和阀门吊耳支座中心放出油缸总成中心线。泵站总成埋件、上下导轨装置、卡箍装置高程等基准点，见图9.1.4-1、图9.1.4-2。

(2) 油缸总成埋件、泵站总成埋件、油管埋件应按图纸要求调整好高程、位置坐标，定位牢固后，浇筑二期混凝土，见图9.1.4-3、图9.1.4-4。

(3) 闸门油缸的中心线与支铰座中心在规定的坐标和高程内。

(4) 阀门油缸支座梁安装时，应根据阀门实际吊点位置，调整阀门油缸支座梁的安装位置和梁顶高程。

图9.1.4-1　闸门油缸支座安装

图9.1.4-2　阀门油缸支座安装

图9.1.4-3　闸门油缸支座加固

图9.1.4-4　阀门油缸支座加固

9.1.4.2　油缸总成安装工艺控制重点主要包括以下内容：

（1）闸门油缸支座安装定位后，应检查油缸在垂直面及水平面内能否灵活转动，同时检查活塞杆连接头内的向心关节轴承是否转动自如，油缸安装时应保证放气孔朝上。

（2）根据阀门启闭机轴线位置，找正支座位置，支座梁上安装孔根据支座孔配钻。

9.1.4.3　泵站总成安装工艺控制重点主要包括以下内容：

（1）根据平面布置图泵站总成对号吊装就位，安装前拆除所有的工艺堵头。

（2）泵站总成的管道应可靠对中连接，泵站总成牢固连接，并且保证水平，泵站总成底部与基础紧密接触。机架安装的相对安装高程差不大于10mm。

（3）油箱在加入液压油前，应仔细检查油箱内是否清洁，加入油箱内的液压油应进行过滤。

（4）泵站总成安装完成后应做耐压试验，试验压力为其额定工作压力的1.5倍。

9.1.4.4　管路连接安装工艺控制重点主要包括以下内容：

（1）管路安装在泵站及油缸安装完毕后进行。管路布置应尽量减少阻力，布局合理，排列整齐，便于维修；厂内配管应采用数控弯管机弯管，管路切割用锯片切割机进行，需要在工地切割的油管，应根据图纸上的参考尺寸按实际长度切割配管，不得采用气割。

(2)管道直管支架间、管夹间的距离应不大于1.5m;有中间接头时,管夹应距离接头200mm以上。

(3)软管长度除满足完全半径和移动行程外,尚应留有4%的余量;软管与其他物体不得摩擦,靠近热源时,应有隔热措施。

(4)不锈钢管道采取氩弧焊焊接,对公称直径≤50mm的管道直接采用氩弧焊焊接;对公称直径>50mm的管道,采用氩弧焊封底,手工电弧焊填充盖面。

(5)全部管路应进行二次安装。一次安装后拆下管道进行清洗,清洗后干燥。二次安装时,管内不得有沙子、氧化皮、铁屑等污物进入管道。二次安装完毕后,应尽快对管道进行循环冲洗。

(6)整体油液循环冲洗时,应将管道与阀组和液压缸分开,使管道形成闭环连接并接入滤油装置。冲洗液可采用液压系统准备使用的工作介质或与它相容的低黏度工作介质。冲洗液应经过过滤器,过滤精度应符合有关规定。冲洗时间为72h以上,冲洗后油液清洁度应达到ISO17/14(NSA7~8)级。冲洗过程宜采用改变冲洗方向或对焊接处和油管反复进行轻打、振动等方法加强冲洗效果。

(7)管路耐压试验设备采用电动试压泵,管路耐压试验按各系统回路额定工作压力的1.5倍进行,试验介质为合格冲洗油,加压时采用分级试验。

9.1.4.5 启闭机空载试运行项目应满足设计要求和验收规范。

9.1.4.6 启闭机与闸阀门及电气的连接要点主要包括以下内容:

(1)启闭机油缸与吊杆总成和闸、阀门支座连接前,液压泵站应调试完毕、启闭机空载试运转合格,液压启闭机油缸先微动运行,将系统管路和启闭机油缸中的空气排走,避免启闭机油缸与吊杆总成和闸、阀门连接后出现抖动,对门体造成不利影响。

(2)闸门油缸推拉座与闸门连接后,油缸支座旋转中心、油缸中心线应在同一水平线上,闸门从全开到全关的全行程内,油缸中心高程偏差应不大于±2mm。

(3)闸门油缸推拉座连接固定后,在底部与两侧焊接挡块,固定推拉座。

9.1.4.7 启闭机运行调试要点主要包括以下内容:

(1)启闭机设备调试技术指标主要包括系统响声、油温变化、油缸启闭运行情况、启闭机运行速度、启闭机运行负载、启闭机同步性能、各种设计工况的实现、工作压力及安全压力的设定、行程检测装置的位置调整等。

(2)闸、阀门运行全过程中应平稳、无卡阻、脉动现象;调整节流阀的流量,自落阀门的速度应有明显变化,且应满足设计要求。

(3)阀门应能顺利吊出检修平台(检查逐节拆除吊杆过程),油缸应能放倒至水平位置;运行结束后吊杆应无变形,接头螺栓应无松动。阀门在自由开门或悬吊状态下持续60min,出现下滑的距离应满足设计要求。

9.1.4.8 调试结束后,应检查溢流阀、安全阀等压力控制元件的调定值。待电气设备安装完成后,进行联合调试工作。

9.2 电气设备安装

9.2.1 工艺简述
电气设备安装主要包括船闸供配电系统、控制系统、通信照明、视频监控系统、防雷接地装置、电缆敷设等电气设备的安装、调试及试运行等工作。

9.2.2 工艺准备要点
9.2.2.1 船闸土建、房建施工完成,具备电气设备安装条件。
9.2.2.2 主要供配电设备、控制设备完成出厂试验,并经监理工程师验收合格;其他辅助设备、元器件、材料按合同已采购。
9.2.2.3 电气安装施工前已编制专项施工方案。

9.2.3 工艺准备要点
电气安装工艺实施流程见图9.2.3。

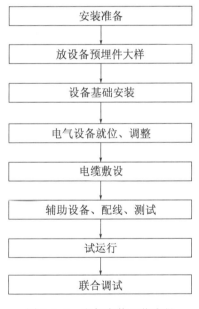

图9.2.3 电气安装工艺流程

9.2.4 工艺控制重点
9.2.4.1 依据设计图纸和现场实际情况,放各电气设备安装预埋件位置大样,见图9.2.4-1。
9.2.4.2 供配电设备安装工艺控制重点主要包括以下内容:
(1)配电柜(高压、低压、计量、补偿等)基础预埋件的位置、高程满足要求,埋件安装牢固,表面平整。
(2)配电柜与基础应牢固连接,单独柜体安装时,应保证柜面和侧面的垂直度;成排柜安装时,应保证柜间缝隙垂直度和水平度,其偏差允许的范围应符合相关要求,见图9.2.4-2。

a)

b)

图9.2.4-1 电气设备安装预埋件

a)

b)

图9.2.4-2 配电柜

(3)型钢基础构架与接地扁钢连接不宜少于两个端点,所有柜体均应可靠接地。

(4)发电机基础安装应考虑到减振器的安装,发电机馈电线路连接后,两端的相序必须与原供电系统的相序一致,发电机本体和机械部分应可靠接地或接零。

(5)箱式变电所及落地式配电箱的基础应高于室外地坪,周围排水通畅,采用地脚螺栓固定;金属箱式变电所及落地式配电箱,箱体应可靠接地(PE)或接零(PEN),且有标识。

9.2.4.3 控制设备安装工艺控制重点主要包括以下内容:

(1)控制柜、操作台预埋件位置、高程应考虑到敷设静电地板的要求。

(2)控制柜、操作台安装位置应便于操作人员观察、操作。控制柜和操作台后面应留有不小于1m宽的操作和维修通道。

(3)控制柜柜面和侧面的垂直度;操作台应安放竖直,台面水平,与基础埋件连接牢固。

(4)控制设备及金属柜体、控制电缆、基础埋件应可靠接地或接零,设备的接地用黄绿接地软线与等电位箱内铜排连接,PLC的接地应与机柜内的强电系统接地分开。

9.2.4.4 视频监控设备安装工艺控制重点主要包括以下内容：

(1) 视频监控设备的定位应能使监控范围覆盖生产运行区域。

(2) 设备机架、底座、杆体的安装牢固，各部分应可靠接地或接零。

(3) 摄像机的电缆和电源线应固定。安装时，先对摄像机进行初步安装，经调试、检查各项功能、观察监视区域的覆盖范围和图像质量，符合要求后方可固定。

(4) 监控中心操作台、拼接屏框架安装位置，应保持适当的距离，确定后固定，操作台确保安装平整。

9.2.4.5 通信照明设备安装工艺控制重点主要包括以下内容：

(1) 放各杆件的安装位置大样，在土建施工时，应做好预埋件、管的埋设，见图9.2.4-3。

图9.2.4-3 预埋件、管埋设

(2) 控制好灯杆安装的垂直度，安装牢固。

(3) 通信电缆与供电电缆同沟敷设时，应按规范要求与强电分层敷设。

(4) 设备的金属机架、底座、外壳及电缆、光缆的接头盒和金属护层等应可靠接地或接零，并应以最短距离与环行接地母线连接。各部分均应可靠接地或接零。

(5) 电缆弯曲半径应大于其外径的15倍。室外设备连接电缆时，应从设备的下部进线。电缆接续应采用专用接插件。

(6) 光缆的弯曲半径不应小于其外径的20倍。在光纤的接续点和终点应有永久性标识。

9.2.4.6 防雷接地控制重点主要包括以下内容：

(1) 机房内的设备、机柜、机架、屏蔽线缆外层等接地端应采用黄绿接地软线与等电位箱内铜排连接；对功能性接地有特殊要求须单独设置接地线的电子信息设备；接地线及与其他接地线绝缘，接地线与接地线宜同路径敷设，机房内的接地系统与电缆沟内接地系统相连。

(2) 接地系统的接地电阻值应满足设计要求，见图9.2.4-4。

(3) 电气设备的接地线应单独直接与接地干线相接，重要设备及其构架应有两根接地引下线与主接地网不同地点连接。连接引线应方便检查测试，接地线跨越建筑物、构筑物伸缩缝、沉降缝时应有补偿器,穿墙应有保护管。

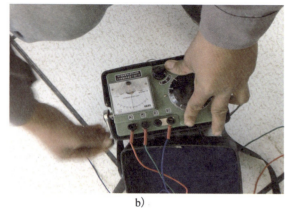

图9.2.4-4 接地系统

(4)防雷接地和安全接地焊接牢固,并做防腐处理;防雷引下线及接地体所用材料规格、防腐与连接措施、安装位置应符合设计要求;建筑物顶部采用避雷针系统连接,避雷针、避雷带与建筑物顶部其他外露金属物件应构成完整的电气通路。

9.2.4.7 电缆敷设工艺控制重点主要包括以下内容:

(1)电缆敷设顺序一般遵循"先高压、后低压,先动力、后控制,先截面大、后截面小"的原则。

(2)电缆敷设时,应排列整齐,不宜交叉,并装设标志牌。在电缆终端头、竖井的上端等地方,电缆上应装设标志牌,见图9.2.4-5。

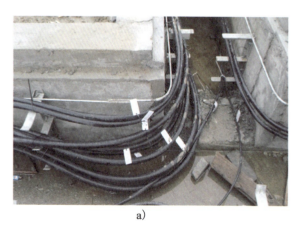
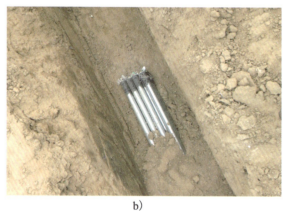

图9.2.4-5 电缆上装设标志牌

(3)当直线段钢制电缆桥架超过30m、铝合金或玻璃钢制电缆桥架超过15m时,桥架应设置伸缩缝;电缆桥架跨越建筑物伸缩缝处应设置伸缩缝。

(4)电缆敷设前应进行绝缘电阻测试,并将测试结果记录保存。

(5)电力电缆和控制电缆不应配置在同一层支架上;电力电缆,强电、弱电控制电缆应按顺序分层配置,宜由上而下配置。

(6)光缆敷设应在电力电缆、控制电缆敷设结束后进行。

(7)进入配电房、闸首等建筑物的电缆应进行有效封顶堵。

9.2.4.8 试运行工作要点主要包括以下内容：

(1)主要电气设备完成安装、接线后,进行单体试运行。

(2)根据图纸对敷设的配线进行电缆和屏内连线的逐条检查、对线,再进行分回路模拟试验,确认接线和原理的正确性。

(3)检测电气元件的绝缘性能及接线情况,包括测量各电气回路接地、回路之间、电机及防雷装置的绝缘电阻等。

(4)当供配电设备安装完成后,应对高、低压供配电设备,变压器、发电机、箱式变电站等进行调试,所有供配电设备应运行安全、可靠,功能正常。低压线路及设备安装完成验收后,进行单体调试,高压线路及变电设备须进行耐压试验,并经供电部门验收后再接入高压电源。

(5)广播和通信系统集控自动、集控人工、现地人工广播以及远调站等各回路广播、系统工作正常。

(6)摄像机进行通电演示,监视区域的覆盖范围、图像质量及摄像机的各项性能应满足设计要求;摄像机镜头应能全方位转动灵活,无卡阻或停顿现象,图像清晰。视频监视器墙设备工作正常,画面清晰。

(7)电气控制设备、系统试完成模拟运行系统的单项操作和程序控制调试;急停、分散控制、点动操作、单项操作,系统响应迅速、准确,动作可靠;程序控制,各运行步骤切换准确,动作顺序符合设计要求;传感器,检测参数正确显示,对参与控制的传感器发出指令正确无误;信号显示准确;广播系统,自动播音运行正常。

9.2.4.9 联合调试工作要点主要包括以下内容：

(1)调试前提交详细的调试大纲,调试方案通过监理工程师审核。

(2)联合调试包括闸室充水前无水联合调试、闸室充水后有水联合调试等内容。

(3)进行液压系统耐压试验、空载试验、负荷试验、静态超载负荷试验、动态超载负荷试验、设备联机调试等各项试运行试验。

(4)闸首设备联动调试应在各单项设备安装调试完成后进行。

(5)无水联合调试在各闸首设备联动调试验收合格后进行;调试前应检查闸门、阀门、检修门的防撞设施、锁定装置、导向装置以及限位装置、传感器等是否安装到位,安装质量应符合设计要求。

(6)闸门、阀门应运转灵活,无异常响声,每扇闸、阀门必须全行程均能开足关严,运转自如,无异常现象。测试闸门开、关过程中的门叶跳动量,测试闸门关闭到位时底止水、中缝、边缝止水的间隙。

(7)测试阀门开、关到位时,顶、侧、底止水的间隙,以及阀门主、侧滚轮与轨道的间隙。

(8)在各种工况下,测试启闭机运行过程中压力的变化情况,开关门运行时间、同步情况等,观察闸门静止状态下的漂移现象和阀门停止于空中的锁定情况。

(9)电气调试应测试分散控制、集中控制等各项功能。

(10)有水联合调试应在无水联合调试项目完成后进行。闸门、阀门运行平稳、无卡阻和异常响声、无漏水等现象。按设计规定的启闭时间、运行速度和同步精度进行调试和测定。

附录 A 船闸工程简要说明

船闸根据沿船闸轴线方向的闸室数目,可分为单级船闸、双级船闸和多级船闸;根据同一枢纽中布置的船闸数目,可分为单线船闸、双线船闸和多线船闸。单级双线船闸见图 A-1。

图 A-1 单级双线船闸

附录 B 船闸工程简要施工流程

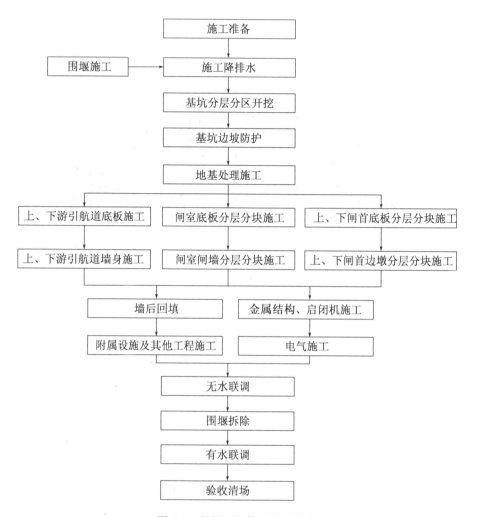

图 B-1 船闸工程简要施工流程

参 考 文 献

[1] 中华人民共和国国家标准.GB/T 3323—2005 金属熔化焊焊接接头射线照相[S].北京:中国标准出版社,2005.

[2] 中华人民共和国国家标准.GB/T 11345—2013 焊缝无损检测超声检测技术、检测等级和评定[S].北京:中国标准出版社,2013.

[3] 中华人民共和国国家标准.GB/T 14173—2008 水电水利工程钢闸门制造、安装及验收规范[S].北京:中国标准出版社,2008.

[4] 中华人民共和国国家标准.GB 50119—2013 混凝土外加剂应用技术规范[S].北京:中国建筑工业出版社,2013.

[5] 中华人民共和国国家标准.GB/T 50146—2014 粉煤灰混凝土应用技术规范[S].北京:中国计划出版社,2014.

[6] 中华人民共和国国家标准.GB 50203—2011 砌体结构工程施工质量验收规范[S].北京:中国建筑工业出版社,2011.

[7] 中华人民共和国国家标准.GB 50367—2013 混凝土结构加固设计规范[S].北京:中国建筑工业出版社,2013.

[8] 中华人民共和国国家标准.GB 50666—2011 混凝土结构工程施工规范[S].北京:中国标准出版社,2011.

[9] 中华人民共和国行业标准.SL 62—2014 水工建筑物水泥灌浆施工技术规范[S].北京:中国水利水电出版社,2014.

[10] 中华人民共和国行业标准.DL/T 5200—2004 水电水利工程高压喷射灌浆技术规范[S].北京:中国电力出版社,2004.

[11] 中华人民共和国行业标准.DL/T 5215—2005 水工建筑物止水带技术规范[S].北京:中国电力出版社,2005.

[12] 中华人民共和国行业标准.JTS 131—2012 水运工程测量规范[S].北京:人民交通出版社,2012.

[13] 中华人民共和国行业标准.JTS 167-4—2012 港口工程桩基规范[S].北京:人民交通出版社,2012.

[14] 中华人民共和国行业标准.JTS 201—2011 水运工程施工通则[S].北京:人民交通出版社,2011.

[15] 中华人民共和国行业标准.JTS 202—2011 水运工程混凝土施工规范[S].北京:人民交通出版社,2011.

[16] 中华人民共和国行业标准.JTS 202-1—2010 水运工程大体积混凝土温度裂缝控制技术规程[S].北京:人民交通出版社,2010.

[17] 中华人民共和国行业标准.JTS 202-2—2011 水运工程混凝土质量控制标准[S].北京:人民交通出版社,2011.

[18] 中华人民共和国行业标准.JTS 207—2012 疏浚与吹填工程施工规范[S].北京：人民交通出版社,2012.

[19] 中华人民共和国行业标准.JTS 235—2016 水运工程水工建筑物原型观测技术规范[S].北京：人民交通出版社股份有限公司,2016.

[20] 中华人民共和国行业标准.JTS 218—2014 船闸工程施工规范[S].北京：人民交通出版社股份有限公司,2014.

[21] 中华人民共和国行业标准.JTJ 239—2005 水运工程土工合成材料应用技术规范[S].北京：人民交通出版社,2005.

[22] 中华人民共和国行业标准.JTJ 248—2001 港口工程灌注桩设计与施工规程[S].北京：人民交通出版社,2001.

[23] 中华人民共和国行业标准.JTJ 249—2001 港口工程桩基动力检测规程[S].北京：人民交通出版社,2001.

[24] 中华人民共和国行业标准.JTS 257—2008 水运工程质量检验标准[S].北京：人民交通出版社,2008.

[25] 中华人民共和国行业标准.JTJ 270—1998 水运工程混凝土试验规程[S].北京：人民交通出版社,1998.

[26] 中华人民共和国行业标准.JTS 311—2011 港口水工建筑物修补加固技术规范[S].北京：人民交通出版社,2011.

[27] 中华人民共和国行业标准.SL 381—2007 水利水电工程启闭机制造安装及验收规范[S].北京：中国水利水电出版社,2007.

[28] 交通运输部工程质量监督局.公路水运工程施工安全标准化指南[M].北京：人民交通出版社,2013.